Für Tooske, Sem, Leentje, Fien und Catoo
Weil ich so unglaublich happy bin,
dass ihr zu meinem Leben gehört

Der Soundtrack zum Buch:

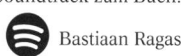 Bastiaan Ragas

BASTIAAN RAGAS

KINDERKACKE

DIE PAPA-VERSTEHER-BIBEL

BASTIAAN RAGAS

KINDERKACKE

DIE PAPA-VERSTEHER-BIBEL

PLAZA

ist ein Imprint der

HEEL Verlag GmbH
Gut Pottscheidt
53639 Königswinter
Tel.: 02223 9230-0
Fax: 02223 9230-13
E-Mail: info@heel-verlag.de
www.heel-verlag.de

© 2018 HEEL Verlag GmbH
Plaza ist ein Imprint der HEEL Verlag GmbH

Autor: Bastiaan Ragas
Satz: HEEL Verlag GmbH, Stefan Witterhold
Übersetzung: Ingrid Ostermann, Eva Schweikart und Emma Wolters
Lektorat: Christine Birnbaum, Ulrike Reihn-Hamburger
Fotos: Privatarchiv Bastiaan Ragas, Nick van Ormondt, Roy Beusker

Printed in Slovakia

ISBN: 978-3-95843-783-8

INHALT

TÖTET NICHT DEN BOTEN!

*#It's the end of the world as
we know it* R.E.M.

Was in bestimmten Kreisen längst bekannt ist, schreibe ich mir jetzt vom Herzen. Ohne jede Hemmung, weil die Wahrheit ans Licht drängt. So wie bei WikiLeaks und anderen Enthüllungsaffären ist nicht jeder darauf erpicht. Aber: Tötet nicht den Boten! Es geht hier nämlich um eine Sache, die Männer im Geheimen miteinander teilen. In der Kneipe, auf WhatsApp oder auch in schweigendem Einvernehmen. Es geht darum, wie ihre Frauen zu hormongesteuerten Monstern mutieren, wie sie selbst nichts mehr zu melden haben, wie schwer es fällt, das Leben umzukrempeln und in die Rolle als Familienvater hineinzufinden. Und darum, wie ihre Position als Alphamännchen mit einem Mal von einer gerade eben zwei Zentimeter messenden Larve untergraben wird. Denn der Prozess des Vaterwerdens geht mit gravierenden Veränderungen einher und beginnt schon in dem Moment, in dem die Schwangerschaft der Frau feststeht.

Der werdende Vater findet sich in einem enormen Chaos wieder, das sein Leben völlig auf den Kopf stellt. Freizeitaktivitäten, Ferien, Haushaltsbudget, Terminplanung und Sexleben – um nur ein paar Punkte zu nennen – werden von Tag eins an in den Grundfesten erschüttert.

In meinem Buch geht es um die Naivität der Väter, die fest glauben, bald wieder ihr »altes« Leben führen zu können. Frei nach dem berühmten Song *It's the end of the world as we know it …* von R.E.M. Aber nach der ersten Zellteilung wird nichts mehr so, wie es war. Das muss beileibe nicht schlimm sein. Wäre es für mich eine echte Katastrophe gewesen, dann hätte ich mir beizeiten Kondome gekauft und sie auch benutzt. Nein, ich finde mein neues Leben herrlich, wunderbar, toll. Aber die Übergangsphase wäre leichter gewesen, wenn ich früher gewusst hätte, was da auf mich zukommt.

Ist man auf einen Tsunami an Gefühlen, auf einen neuen Lebensrhythmus, auf Schlafmangel und jede Menge Chaos vorbereitet, dann kommt man besser damit klar, als wenn man glaubt, auf einer rosaroten Wolke zu landen.

Dieses Buch ist zur Abwechslung einmal nicht für Frauen geschrieben. Für sie steht in den Bibliotheken haufenweise Lektüre über Schwangerschaft, Erziehung und Mutter-Kind-Bindung. Es ist an der Zeit für etwas anderes. Für ein Buch über Babys, Hormone, Erziehung usw. aus Sicht der anderen Hälfte: des Mannes. Ein Buch für Männer, die ungläubige und irritierte Blicke ernten, wenn sie sagen, sie hätten die Schwangerschaft ihrer Frau und die erste Babyzeit nicht als schön empfunden. Die mit den Worten zurechtgewiesen werden: »Was glaubst du wohl, wie es für deine Frau war!?« Damit laufe ich Gefahr, Leute vor den Kopf zu stoßen, die sich Kinder wünschen, aber keine bekommen können, und es deshalb unverständlich finden, wenn man klagt, »wie schwer das Vatersein doch ist«. Das kann ich nachvollziehen, aber in meinem Buch liegt der Schwerpunkt anders. Das eine anzuerkennen, muss nicht bedeuten, das andere zu leugnen.

Fest steht natürlich, dass die Rolle und die Erfahrungen der Frau ganz anders sind als beim Mann. Aber das tut dem, was ich zu sagen habe, keinen Abbruch. Körperlich allerdings muss der Mann weniger leiden – das stimmt, einverstanden!

Nachdem ich in ganz unterschiedlichen Phasen meines Lebens insgesamt viermal Vater geworden bin, ist es Zeit, mit der

Mär von der rosaroten Wolke aufzuräumen. Auch auf die Gefahr hin, dass man mich für grob und unsensibel hält. Es muss einfach sein. Weil es eine große schweigende Mehrheit gibt, die sich nicht den Mund aufzumachen traut. In Zeitschriften, Fernsehsendungen und gefühlvollen Interviews bekommen schwangere Frauen jede Menge Ratschläge und Tipps an die Hand. Männer nicht, aber rumjammern dürfen sie auf keinen Fall.

Zugegeben, der Mann hat kein Kind im Bauch, er leidet nicht unter Morgenübelkeit, braucht sich nicht zu übergeben (sofern er den Anblick von Blut und Nachgeburt aushält), aber er ist, wenngleich das manche sehr überraschen mag, auch nur ein Mensch. Genauer gesagt, der Mann ist ein schwächerer und wehleidigerer Mensch als die Frau. Das kann einem jeder beliebige Zahnarzt bestätigen. Und jede Mutter: Kleinen Jungs tut öfter, länger und schlimmer etwas weh. Eine schwere Bürde. Denn die Natur hat die männlichen Wesen nicht mit einer höheren Schmerzgrenze oder ausgleichenden Hormonen ausgestattet. Nein, Männer müssen alleine klarkommen, das ist eine Charakterfrage. Und Charakter haben die meisten Männer, sogar im Überfluss.

Nur stellt sich dieser Charakter nicht ruckzuck auf das Baby und was dazugehört ein. Zum Glück wird meist alles gut, aber der Aufwand gleicht eher dem Wenden eines Riesentankers auf See als dem Drehen eines Fotos auf dem Tablet. Kurz gesagt: Beim Mann dauert alles etwas länger.

Ich widme meine »Streitschrift« all jenen, die nicht zum Typus Metromann gehören. Denn so wie er ticken die allerwenigsten Vertreter des männlichen Geschlechts, ist er doch eine Art androgyner David Beckham, einer, der stets mitfühlend ist, einen unfehlbaren Modegeschmack hat, regelmäßig zur Pediküre geht – denn Hornhaut schmückt den Mann nicht –, sich die Beine mit Wachs enthaaren lässt und im Fitnessstudio seinen Körper in Form trimmt. Wenn so ein Typ Vater wird, trägt er sein Kind selbstverständlich in einer Björn-Borg-Babytrage herum, hat Birkenstock-Sandalen an den Füßen, lässt sich zum Ausgleich allenfalls ein kleines keltisches oder balinesisches Tattoo stechen und fließt geradezu über vor Verständnis, Gefühl und Zärtlichkeit. Der Metromann will nie zum falschen Zeitpunkt Sex, er rülpst und schnarcht nicht und lässt seine Unterhosen nicht auf dem Boden herumliegen. Und er braucht auch kein Buch wie meines, weil er ohnehin schon alles weiß.

Ich schreibe für die anderen, die die Mehrheit bilden. Für Männer, die durchaus gefühlvoll und lebensfroh sind, die Schwangerschaft ihrer Frau jedoch nicht unbedingt als beglückende Phase erfahren, um es mal gelinde auszudrücken. Nicht etwa, weil sie Rücken- oder Bauchschmerzen haben, Hämorrhoiden kriegen, unter Schlaflosigkeit, Hormonschüben oder anderen Dingen leiden, die schwangere Frauen durchstehen müssen. Sondern weil sie schlicht und einfach diesen scheinbar unendlichen Tunnel mit Namen Schwangerschaft fürchten, den Gotthard-Tunnel der Liebe, der viele Monate ohne Sex verheißt, ohne dass am Ende Licht zu sehen oder, besser gesagt, zu fühlen wäre. Dunkel, kalt und einsam ist es in diesem Tunnel. Darüber will ich schreiben ... Und über die Zeit nach der Babyphase ... Wohin geht es dann? Zum achtbaren Vierziger auf einem Sportfahrrad?

Zum Glück wird man als junger Vater nicht ganz alleingelassen. Und damit meine ich nicht die psychische Unterstützung, die Wochenpflegerin, Mütterberatung und sonstige Einrichtungen leisten können. Nein, die sind vor allem für Mutter und Kind da. Auch wenn man als Vater bei den Terminen dabei ist. Weil man eben dazugehört, so wie Vader

Abraham im goldenen Speedo-Slip zu den MTV Awards. Nein, ich spreche von der eigenen Frau respektive Freundin, Lebensgefährtin, Partnerin, Leihmutter …

Für die Frauen ist ohnehin alles anders, denn als Mütter bekommen sie natürliche Anabolika. Und zwar in ansehnlichen Mengen. Eine schnelle Google-Suche ergibt die ganze Liste hormoneller Drogen, die Mutter Natur den Frauen gratis und legal zur Verfügung stellt. Genug für eine einhundertfünfzehnjährige Haft in einem südkoreanischen Knast. Und so heißen sie: hCG-Hormon, Östrogen, Progesteron, Oxytocin, Prostaglandin, Prolaktin … und als Krönung auch noch Endorphine. All das, wie gesagt, eine Gratisgabe der Natur. Für Väter nicht, die müssen ohne zurechtkommen. Bisher jedenfalls.

Lest dieses Buch, liebe Männer, und fühlt euch unterstützt von einem Kollegen, Freund, Art- und Schicksalsgenossen. Denn es ist zu schaffen, auch ohne Hormone und mit ein wenig gutem Zuspruch. Mehr braucht es nicht, denn Charakter habt ihr ja schon. Und bevor ich's vergesse: Am Ende wird alles gut … meistens.

VATER WERDEN IST EINE SCHWERE GEBURT

#You're not alone   MICHAEL JACKSON

Es wird dem Mann wahrhaftig nicht leicht gemacht, sich in Ruhe auf den neuen Erdenbürger einzustellen, und vor dessen Erscheinen hat Mutter Natur die härteste aller Prüfungen gesetzt.

Die Geburt ist für viele Männer das Schlimmste überhaupt. Sie müssen zusehen, wie die eigene Frau leidet, ohne ihr wesentlich helfen zu können. Der Alptraum schlechthin.

Doch das ist nur der Anfang. Danach wird erwartet, dass der Mann das neue Menschlein in seinem Leben freudig willkommen heißt und in jeder Hinsicht begeistert von ihm ist. Von einem Wesen, das schreit und kackt und kackt und schreit – einem Baby.

Und dieses Menschlein sorgt auch noch dafür, dass seine Frau völlig kaputt und blutverschmiert daliegt und danach monatelang keinen Blick mehr für ihn hat. So verkümmert der Mann einsam und allein, während alle Welt sich nur für seine Frau und das Kind interessiert.

Unsere Jüngste war noch keinen Tag alt, da wünschte ich mir schon, sie wäre älter. Ich weiß, das klingt nicht sehr nett und sympathisch. Im Kinderwagen der Nachbarn bestaune ich solch ein Weltwunder durchaus gern, nicht aber im eigenen Leben. Den New Yorker Marathon finde ich toll – im Fernsehen, wenn ich zu Hause auf der Couch hänge.

Ich bin nun einmal kein »Babymann«. Ich dachte immer, nur unverbesserliche Machos hätten diese Einstellung, doch dann musste ich feststellen, dass auch ich diesem Klischee entspreche, ohne dass es mir bewusst war. Frisch gebackene Mütter hören sicherlich nicht gern, dass der eigene Mann so wenig Verständnis aufbringt. Also schweigt man, denn schließlich will man seine Frau nicht unnötig belasten.

Ich tröste mich mit dem Gedanken, dass die meisten jungen Väter aus meinem Freundeskreis sich insgeheim mit dem gleichen Problem herumschlagen. Vielleicht ist es ja am vernünftigsten, möglichst wenige Worte darüber zu verlieren. Die Gefühle unter Verschluss zu halten, Stillschweigen darüber zu bewahren, dass das eigene Baby einen nicht rundweg entzückt. »Ich kann erst dann was mit Kindern anfangen, wenn sie sprechen können«, habe ich so manchen Vater sagen hören. Mir kam das immer so vor, als würde man für alles eine Gegenleistung beanspruchen. Dabei ist es doch ein Wunder des Lebens, dieses neugeborene hilflose Menschlein. Das klingt fantastisch und stimmt natürlich auch, nur hilft es nicht weiter. »Kinder halten einem einen Spiegel vor« – auch diesen Satz habe ich immer wieder gehört, wobei mir nie so recht klar war, was genau damit gemeint ist. Heute weiß ich es, ich bin ein einfach gestrickter Macho, der sich seiner Rolle gemäß verhält. Und das alles dank der kleinen Larve …

Wenn man Vater wird, ist es aus mit dem bisherigen Leben, und nichts wird mehr so, wie es einmal war. Das muss man sich von vornherein klarmachen. Damit man auf das Schlimmste vorbereitet ist, das am Ende – wie immer – gar nicht sooo schlimm ist. Meistens jedenfalls.

Die Erkenntnis, dass die Vaterschaft bedeutet, auf Gedeih und Verderb mit einem anderen Menschen verbunden zu sein, hat bei mir wie eine Bombe eingeschlagen. Man lebt nicht mehr nur für sich selbst, sondern mit dem Kind und für das Kind. Danach richten sich Ernährung, Schlafenszeiten,

Ferienziele und wann und wo man mit seiner Frau Sex hat. Alles ändert sich durch das neue Menschlein im Leben, das eigene Kind.

Seine Bedürfnisse – trinken, Bäuerchen, schlafen, kacken, trinken – bestimmen vom allerersten Moment an den Tagesablauf. Zum Arbeiten kommt man nur noch neben dem »wirklich Wichtigen«, Party machen bis zum Morgengrauen ist nicht mehr drin, und das Rennrad muss einem soliden, geschlechtslosen Gefährt mit Kindersitz weichen. Man kann natürlich auch noch eine Weile in der Phase des totalen Leugnens verharren … *no worries* …

Es ist keine Frage, dass Kinder das Leben bereichern, einen erden und den eigenen Gefühlen mehr Tiefe verleihen – das stimmt zweifellos alles. Aber keiner traut sich laut zu sagen, nichts ist mehr so wie vorher, nimm Abschied von deinem selbstbestimmten Leben. Stattdessen hört man immer wieder: »Du bekommst ja so viel dafür zurück.« Schön und gut, aber an solch einem Tausch- oder besser Kuhhandel bin ich nicht interessiert. Hier ist mein Leben, bitteschön, mach damit, was du willst, und im Gegenzug heißt es lau: »Du bekommst ja so viel dafür zurück.« Was genau bekomme ich denn dafür zurück?

Die Geburt meines ersten Kindes hat mich völlig aus der Bahn geworfen. Nicht dass ich eine Art Psychose entwickelt hätte, ich habe auch nicht um Hilfe gerufen oder aus Verzweiflung geweint. Nein, das ging ganz still und leise vor sich wie der Angriff eines Krokodils.

Anfangs bestimmten Adrenalin, ehrfürchtiges Staunen und Schlafmangel das Dasein. Die spannende letzte Zeit der Schwangerschaft, die Niederkunft und die großen Veränderungen boten reichlich Ablenkung. Zwei, drei Wochen nach der Geburt ließen sich die Folgen dann besser einschätzen.

Wie bei einem jungen Pferd, das erst noch bockt, und sich anschließend willig über die Hindernisse dirigieren lässt.

Das Erwachsenwerden hat mich in die »nächsten Phasen« genötigt, die ich mir vor allem praktisch, langweilig und öde vorstellte. Als Erstes wanderte mein klappriges Studentenfahrrad in den Sperrmüll. Es wurde durch das unvermeidliche Rennrad ersetzt und das wiederum später durch das unsägliche Lastenfahrrad. Aber das war noch nicht alles, die Veränderung erforderte weitere Opfer. Die edle italienische Designercouch von Fendi musste einem »kindgerechten« IKEA-Sofa namens Ektorp mit abnehm- und waschbaren Polsterbezügen weichen. Und dann war das Auto dran. Mein klassischer silbergrauer Porsche 911 2.2 S – noch aus der Popstar-Zeit mit Caught in the Act – sei viel zu unsicher, hieß es. Als Junggeselle darf man sich damit ruhig totfahren, nicht aber als Familienvater. So habe ich den Porsche an einem regnerischen Dienstagmorgen in eine Scheune gefahren und mit einer Abdeckung darüber dauergeparkt. Nach der Geburt meines vierten Kindes wurde dann auch mein Freudsches Machofahrzeug, der Range Rover Discovery, ausrangiert. Denn selbst in dieses geräumige Auto passen unmöglich vier der vom ADAC als sicher eingestuften Kindersitze mit Schleudersitzformat. Darum bewegen wir uns nun in einem Familienbus fort, der so groß ist, dass mich die Fahrer der Linienbusse als Kollegen ansehen und grüßen. Außerdem haben wir einen Skikoffer auf dem Dach, weil der mondfährengroße Kinderwagen den Kofferraum jahrelang komplett belegte. Und die Fensterscheiben sind von oben bis unten mit Stickern beklebt – mit Stickern!

Was ist aus meiner Karriere geworden, aus dem Gefühl, dass alles möglich ist und dass mir keiner was kann? Alles fort, wie Schnee in der Sonne, ohne dass ich es so recht bemerkt hätte.

Die Geburt bedeutet für die Frau, so wurde mir jedenfalls gesagt, einen schwer errungenen, aber großartigen Sieg über den Schmerz. Der Mann hingegen kommt sich dabei vor wie der letzte Idiot. Denn alles, was er tut oder sagt, kann nur verkehrt sein. »Halt durch, Liebes, bald ist's geschafft, ruhig atmen … äh … hast du auch solche Lust auf Pizza, Apfeltaschen und DSDS?« Was man auch sagt, es ist dumm, albern oder überflüssig. Einfach nur da zu sein, was den meisten Frauen durchaus genug wäre, fühlt sich für den Mann so an, als würde er keinen Finger rühren, während seine Frau über einem Abgrund baumelt. In seiner Not klammert er sich an die unsinnige Vorstellung, doch noch irgendeinen Einfluss zu haben. Auf die Schmerzen, auf die Dauer und den Verlauf der Geburt. Aber das ist Quatsch, und am schlimmsten ist, dass er es im Grunde genau weiß. Also streicht er seiner Frau übers Haar, hält ihr die Hände hin, die sie grün und blau quetscht, und ignoriert, so gut es geht, die Stimme im Kopf, die sagt: »Fällt dir Schlappschwanz nichts anderes ein? Sei ein Kerl, tu' was, hilf deiner Frau!« Nein, wie ein Sack Blumenerde steht er am Bett – was bleibt ihm auch übrig? – und muss tatenlos zusehen, wie seine Frau eine olympiareife geburtliche Höchstleistung vollbringt. Er versagt als Mann in der Situation, in der seine Frau ihn am meisten braucht.

Ehrlich gesagt, ich hatte eine solche Angst, es könnte etwas schiefgehen, dass ich vor lauter Aufregung versuchte, witzig zu sein. Dabei weiß ich: »witzig sein wollen« ist völlig daneben, zumal bei einem so intimen und intensiven Anlass wie der Geburt. Mir ist das klar, völlig klar, aber es ist passiert, es kam über mich. So wie mein Sohn immer lachen muss, wenn er nervös ist. Auch als erwachsener Mann mache ich noch das Falsche im falschen Moment – und auch noch in einem so entscheidenden Moment. Während meine Frau in den letzten Wehen lag, suchte ich auf YouTube nach komischen Filmchen zum Thema »Horrorgeburt«. Einfach so, um mich »in Stimmung zu bringen«. Die Hebamme, meinem Eindruck nach eine sehr erfahrene Person, starrte mich ungläubig an, als ich plötzlich schallend loslachte. Dann war unsere Tochter da, und ich war so von den Socken, dass ich spontan rief: »Ich will noch so eine!« Die Hebamme und die assistierende Krankenschwester waren ob solch übertriebener Begeisterung ziemlich irritiert. Meine Frau dagegen, die mich schon länger kennt, wunderte sich nicht groß, sie dachte vermutlich nur: »Sei's ihm gegönnt, sich zu produzieren. Dann fällt er mir wenigstens nicht mit gutgemeinten Witzeleien auf die Nerven.« Frauen haben für so etwas ein untrügliches Gespür: Wenn der Mann das Gefühl hat, einbezogen zu sein, führt er sich nicht kindisch auf. Sie wissen, dass Männer es schwer aushalten können, nicht im Mittelpunkt des Interesses zu stehen. Auch bei einer Geburt.

Aus diesem Grund nehmen sie ihre Männer auch zu Gesprächen mit der Hebamme, zu Arztterminen und zu Geburtsvorbereitungskursen mit. Weil sie uns einen Gefallen tun wollen, nicht etwa, weil es ihnen ein Bedürfnis wäre, dass wir mitfühlen, uns einfühlen und so weiter. Sie wollen vielmehr kein erwachsenes Kind bei sich haben, wenn sie selbst dabei sind, das »richtige Kind« zur Welt zu bringen.

Auch ich bin an der Hand meiner Frau zu den verschiedensten Kursen mitgegangen: Atemtechnik, Schwangerschaftsgymnastik und was weiß ich noch alles. Aber nicht gleich. Von Freunden hatte ich so viele Gruselgeschichten gehört, dass mir der Sinn nicht danach stand. Aber im entscheidenden Moment als Unwissender dazustehen, schien mir auch keine Option. Dass es darauf nicht ankommt, wusste ich damals noch nicht. Nachdem ich mich also überwunden hatte, sagte ich mannhaft: »Klar geh ich mit, Schatz, das ist das Mindeste, was ich tun kann.« Eine Groteske: Ich tat so, als würde ich mich opfern, dabei brachte in Wirklichkeit meine Frau um meinetwillen ein Opfer.

Der Kurs beginnt um halb acht, sodass man gleich nach dem Abendessen loshetzen muss und einem das Essen gegen die Magenwand schlägt. Schnell noch einen Kaffee aus dem Automaten ziehen und hinunterstürzen, dann dürfen wir und noch zehn weitere Paare das stimmungsvoll von Neonröhren erleuchtete multifunktionale Bewegungsstudio mit abgehängter Systemdecke betreten. Nach einer etwas gezwungenen Vorstellrunde (»Aha, ihr seid mir doch gleich so bekannt vorgekommen!«) geht es auf die Kuschelmatte. Die Frauen begeben sich in den Vierfüßerstand, die Männer sollen sie in Hündchenstellung von hinten massieren. Dazu läuft beruhigende Klim-bim-bim-Loungemusik, und Aromastäbchen verströmen Kiefernduft im Raum. Das trägt natürlich sehr dazu bei, in die richtige Stimmung zu kommen.

Ich blicke mich verstohlen um und stelle fest, dass die »Kollegen« ihren Frauen bereits, von der Kursleiterin angespornt, à la Shiatsu Hüften, Pobacken und Schenkel massieren. »Das macht ihr super, Männer, lasst all eure Liebe fließen, und die Frauen konzentrieren sich bitte ganz auf die Wärme und entspannen.« Ich will nicht weiter hinschauen, aber das klappt nicht. In der Spiegelwand sehe ich, wie einer der Männer, der zu allem Überfluss auch noch Anton Hofreiter ähnelt, seine Frau mit festem Griff bearbeitet. Der Anblick reicht aus, um in meinem Kopf den Startschuss zu einer Dokusoap der expliziten Art zu geben, sprich: zu einem billigen Porno. Wie aber schaltet man das Kopfkino ab? »Denken Sie auf keinen Fall an einen schwarzen Eisbären« lautet die Ansage.

Dank meiner Fantasie kann ich mir alles Mögliche vorstellen und sehe es mit meinem dritten Auge im rechten Hirnlappen. So auch, was die anderen Teilnehmer am Kurs »Gebären lernen in zehn Lektionen« hierher verschlagen hat. Der gesamte Befruchtungsprozess wird auf den speckigen Matten nachgestellt. Wie in einem Adult Movie in einem klebrigen Pornokino.

Ich sehe einen Film mitsamt Dialogen, Geräuschen und Begleitmusik. Mein drittes Auge ist für mich Steven Spielberg und mega IMAX-Kinosaal zugleich. Der Held ist in diesem Fall allerdings Anton Hofreiter, und er legt so richtig los.

Ich versuche zu ignorieren, dass er jetzt zu uns herschaut. Er ist auch ein Mann und nicht blöd und stellt sich wahrscheinlich auch gerade vor, wie unser Kind zustandegekommen ist. Ja, sehr entspannt, das Ganze, wirklich!

Meine Frau, geduldiger als ich, besuchte den Kurs bis zum Ende, war es doch der erste und alles noch neu. Dann entschied sie sich für »Yoga für werdende Mütter«. Nach der ersten Stunde in diesem Kurs kam sie kichernd nach Hause und rief: »Stell dir vor, Bas, die haben als Hintergrundmusik hysterische Delfine singen lassen, und dazu sollte ich mir denken, dass aus meinem Po eine rote Mohrrübe aus Energie rauswächst und sich langsam in den Boden senkt.«

Der erste Yogakurs-Abend war für sie auch der letzte. Schade eigentlich, ich hätte gern gewusst, wie die Sache mit der Möhre weitergeht. Aber es gab noch genug andere Angebote auszuprobieren …

BURN, BABY, BURN

#Disco inferno THE TRAMMPS

Meine Frau hatte noch drei Wochen »vor sich«, wie man so sagt. Nachbarn, Tanten und selbst Fremde auf der Straße behelligten mich mit unsinnigen Voraussagen: »Ja, es wird ein Junge. Glaub mir, ich fühle sowas.« Oder: »Der Bauch steht nach vorne, dann wird es ein Mädchen, garantiert.« Das Verrückte daran war, dass sie dabei entweder todernst oder geradezu erleuchtet guckten.

Ich verzog das Gesicht und tat so, als ob es sich um wundersame Offenbarungen handelte. »Mann, dass du so etwas sehen kannst. Fantastisch.« Allerdings konnte uns keiner die Frage beantworten, um die sich alles dreht: Wann kommt »es«? Natürlich gibt es einen errechneten Geburtstermin. »Errechneter Geburtstermin«, das suggeriert immerhin so etwas wie eine wissenschaftliche Grundlage. In Wahrheit ist nichts berechenbar. Kein Gynäkologe kann exakt sagen, wann eine Frau ihr Kind zur Welt bringen wird. In der Wissenschaft ist so viel möglich: Wir können ein geklontes Menschenohr auf einer Maus wachsen lassen und elektrisch geladene Teilchen in einem Betatron, Zyklotron oder Synchrotron in eine Ringbahn zwingen. Aber ein wissenschaftlich fundiert errechneter Geburtstermin? Geht nicht. Irgendwann zwischen der 38. und 42. Woche ist es so weit. Also, viel Glück! Es erinnert an Bingo: einfach die Karte ausfüllen, aber irgendeine Sicherheit? Vergiss es. Bevor man sich versieht, geht es plötzlich ganz schnell und … Bingo! Kann aber auch passieren, man muss noch ewig warten.

Inzwischen wurde meine Frau immer dicker und müder, und ihr Bauchnabel trat ein wenig hervor. So langsam sah es mitleiderregend aus. Sie watschelte. Tja, was soll ich sagen, die meisten Frauen finden es nicht so toll, wenn sie watscheln. Die meisten Männer übrigens auch nicht. Achteinhalb Monate zuvor hatte sie noch stöhnend und schwitzend in meinen Armen gelegen, mich leidenschaftlich und begehrend angesehen, und nun watschelte sie wie eine Gans durch die Gegend. Manchmal rief ich mir diesen aufregenden, schönen, warmen Tag in Erinnerung, doch der Anblick meiner nach Luft schnappenden und träge herumschlurfenden Frau holte mich schnell in die Realität zurück.

Daran muss sich ein Mann erst mal gewöhnen. Schließlich will man seine Frau nicht merken lassen, dass sie unmöglich aussieht. Also unterstützt man sie, so gut es geht, bindet ihr die Schnürsenkel und versichert ihr, dass es doch prima läuft und sie ganz wundervoll aussieht. Und beide wissen, dass es nicht stimmt. Dann sagt man besser nichts mehr und versucht stillschweigend, sie zu unterstützen … Eine gute Übung übrigens, denn wenn das Kind da ist, muss man im Team die Nächte mit Geheul, vollen Windeln und Schlafmangel durchstehen.

Ihr ganzer Körper strahlte Geburtsbereitschaft aus, unser Baby aber hielt sich in diesen letzten Schwangerschaftswochen aufrecht in der Gebärmutter. Dabei muss der Kopf doch nach unten! Für die Mutter ist es ziemlich unangenehm, wenn das Köpfchen gegen ihren Magen drückt, und für die Geburt ist das überhaupt nicht gut. Wenn das Kind sich nicht dreht, ist ein Kaiserschnitt unumgänglich, und das sucht man sich nun wirklich nicht freiwillig aus.

Es gibt aber Strategien, um das Blatt zu wenden beziehungsweise das Kind zu drehen. Nun sind Schwangere empfänglich für jedwede Information zu ihrem Zustand. Was sie in Büchern lesen, auf der Straße aufschnappen oder bei Besprechungen mit der Hebamme erfahren, sie saugen es auf wie ein Schwamm. Wir hatten noch ein paar Wochen vor uns, das Baby musste gedreht werden, also guckten wir ins Internet. Die japanische Moxa-Therapie sollte Erlösung bringen. Nicht, dass Sie denken, das sei Hokuspokus, nein, das Internet ist voll davon, und das Internet ist bekanntermaßen ein objektives und hochwissenschaftliches Nachschlagewerk.

Bei der Moxa-Therapie muss man jeden Tag Räucherstäbchen, so dick wie eine Möhre, anzünden und qualmend an die kleinen Zehen halten. Laut traditioneller chinesischer Medizin strahlt die wärmende Energie, Yang, in das Becken aus. Die Wärme dieser glühenden »Zigarre« erzeugt Energie, die für Bewegung im Becken sorgt, wodurch wiederum das Baby stimuliert wird, sich zu drehen. Kannst du mir folgen? Die qualmende Zigarre besteht – halt dich fest – aus Beifuß! Diese Methode hat eine Erfolgsquote von 75 Prozent, sagt die Website, auf der wir auch gleich ein komplettes Moxa-Set bestellen konnten. Objektiver geht es gar nicht.

Unser Sexleben war zwar erloschen, aber zündeln, das konnten wir. Jeden Abend entfachten wir unsere Moxa-Zigarre, *burn, baby, burn*. Am Anfang alberten wir dabei noch rum, doch nach ein paar Tagen war uns der Spaß so ziemlich vergangen. Nach zwei Wochen hatten wir genug: Meine Frau hatte angekokelte Zehen, ich Rückenschmerzen, und das Baby dachte nicht daran, sich zu drehen. Was tun? Das kleine Luder musste schließlich mit dem Kopf nach unten.

Unterdessen hatten wir, dieses Mal ohne Internet, legendäre Geschichten über »Riet mit den goldenen Händen« gehört. Riet sollte die Gabe haben, Kinder, die verkehrt herum im Bauch liegen, zu drehen. Eine Prozedur vergleichbar mit dem Einführen eines Modellschiffs in eine leere Flasche, ohne dass die Flasche zerbricht oder das Schiff zusammengequetscht wird. Eigentlich eine unmögliche Übung und nicht ganz ungefährlich dazu. Durch das Ziehen und Drücken in der Gebärmutter können nämlich die Eröffnungswehen ausgelöst werden, und bei einem Prozent der Fälle löst sich die Plazenta vorzeitig ab. Nicht die rosigsten Aussichten. Nach langer Überlegung beschlossen wir, Riet mit den goldenen Händen zu kontaktieren.

Riet war schon beinahe im Ruhestand und hatte in den letzten Jahren ihr Wissen an jüngere Kollegen weitergegeben. Aber wie heißt es so schön? Nichts ist besser als das Original. Zum Glück war sie bereit, noch einmal zu zeigen, wie es funktioniert. Wir vereinbarten einen Termin und begaben uns, hopphopp, ins Slotervaart-Krankenhaus. Wenn man hochschwanger ist, muss man bei so einem Krankenhausbesuch natürlich auf der Hut sein, sonst veröffentlicht die Klatschpresse, ehe man sich versieht, eine Exklusivnachricht: »Aus zuverlässiger Quelle haben wir erfahren, dass Tooske Ragas gerade ihr Kind zur Welt bringt.« Wir kamen unbemerkt durch die Eingangshalle, schlüpften in den Lift und in Nullkommanix saß meine Frau auf der Behandlungsliege. Riet ist eine tolle Frau, um die sechzig, so vom Typ, der eine außer Rand und Band geratene Schulklasse mit fünfunddreißig herumschreienden Kindern mühelos in Reih und Glied dirigiert und ein Lied singen lässt.

Riet tastete erst vorsichtig und drückte dann etwas kräftiger unten und oben auf den Bauch. Plötzlich nahm sie unser aufständisches Kleines in eine Art Judogriff und drehte es der Quere nach einmal um. Man sah eine Welle – *whoosh* – über den Bauch meiner Frau wogen; Gliedmaße wellten unter der Bauchdecke und beulten sie an einigen Stellen aus. So wie sich der Bauch bewegte, erinnerte das Ganze an eine Szene aus »The Matrix«, nur live. Keine fünf Minuten und Ra-Ru-Rick, Barbatrick, das Kind war gedreht, ganz ohne Räucherstäbchen, blaue Flecke oder eine OP.

Gut, das Baby lag jetzt richtig, wir mussten nur noch auf das Weltwunder warten. Das Kinderzimmer war natürlich schon seit sechs Monaten fertig eingerichtet. Von Windeln über frisch gewaschene Mini-Kleidungsstücke bis hin zur Bettwäsche. Die Kommode mit der Wickelauflage und der Packung Feuchttücher, Penaten-Creme, Thermometer und Wattestäbchen, gestapelte Windeln und der obligatorische Windeleimer. Unser Bett hatten wir mit speziellen Füßen höher gestellt, schon seit Wochen quietschte der wasserundurchlässige Matratzenschoner unter uns. Alles war in höchster Bereitschaftsstufe, den neuen Erdenbürger zu empfangen. Tja, und dann sitzt man da. Wartet gemeinsam, macht noch einen kleinen Spaziergang, faltet die Windelhöschen zum x-ten Mal, und wartet, wartet auf den großen Bingo-Moment.

Ich servierte Ananas, Tonic und Bitter Lemon, denn das enthaltene Chinin gilt als Wehenstimulanz. Kein Effekt. Nichts rührte sich. Kugelrund, gänzlich zugeknöpft und total festgefahren beschreibt ungefähr den Körperzustand meiner Frau in diesen letzten Wochen vor der Geburt. Es gab noch eine einzige Option. Sex. Ganz viel Sex. Durch einen Orgasmus kann das Zusammenziehen von Gebärmutter und Gebärmuttermund in Gang gesetzt werden. Und das ist noch nicht alles, aufgepasst, Sperma enthält einen Stoff, Prostaglandin, der Wehen auslöst. Die Natur hilft also auf beiden Seiten mit. Pfff, wenn das nichts ist! Deine Frau kann sich kaum rühren, ihr ganzer Unterleib tut weh und ist aufgedunsen, und die einzige Methode, diesen Zustand aufzulösen, ist, etwas hineinzustecken und hart hin und her zu bewegen … Wer denkt sich so etwas aus?

Übrigens habe ich ab und zu Storys über schwangere Frauen mit unzähmbarer Libido gehört. Die kräftige Durchblutung des Unterleibs soll bei Schwangeren ein unstillbares sexuelles Verlangen auslösen. Mhm, klingt fantastisch, aber, wie gesagt, ich kenne nur die Storys.

Zu Hause rumsitzen und warten macht auch nicht gerade happy, also dachte ich mir, dass uns ein kleiner Wochenendtrip gut tun würde. Nichts wie los in eine großartige Suite im fantastischen »Hotel Des Indes« in Den Haag. Alles hinter uns lassen und die Sache dort … aussitzen. Super Idee, oder?

Sollte der Fall eintreten, hatten wir vorbereitende Maßnahmen getroffen: komplett ausgestatteter Babykoffer plus Telefonnummern von unserer Hebamme und unserem Hausarzt, Maxi-Cosi-Babyschale, alles im Gepäck. Natürlich wollten wir die Geburt nicht im Hotel absolvieren, und das Hotel wollte das erst recht nicht. Eine platzende Fruchtblase, wehenbegleitende Urschreie oder ein mit Nachgeburt gefüllter Müllbeutel – alles Dinge, auf die jedes Hotel gern verzichtet. Also verhielten wir uns ruhig, keine Räucherstäbchen und erst recht keine körperlichen Aktivitäten, die irgendetwas auslösen könnten. Es sollte ein schön entspanntes Romantikwochenende werden. Was hatte ich mir nur gedacht?

Herrlich ausschlafen in einem traumhaften Bett mit Bettwäsche aus ägyptischer Baumwolle, gegen zehn geweckt werden und dann ausgiebig und lecker frühstücken.

Während des Frühstücks fiel mir etwas auf: Ich köpfte mein weichgekochtes Ei, und prompt lief das Dotter auf das jungfräulich weiße Laken. Wie kann es sein, dass man in den formidabelsten Hotels dieser Welt nicht in der Lage ist, ein Ei so zu kochen, dass es weder zu hart ist und das Eigelb bröckelig wird noch zu weich und das Eigelb alles wie eine Salmonellenflut einsaut. Die richtige Kochzeit eines unbefruchteten

Hühnereis ist anscheinend genau so schwer zu bestimmen wie das Schlüpfdatums eines ausgebrüteten Menscheneis. So in etwa meine Gedanken, während ich auf die wundervolle Bettwäsche blickte, auf der nun eine Art gelbe Nachgeburt klebte … Nun gut … Wir blieben ein paar Tage, aber auch hier nichts als Warten. Warten auf all das, was kommen würde. Ich gebe es nur ungern zu, aber ich war extrem gestresst. Ich konnte nicht einschlafen, mir geisterte alles Mögliche durch den Kopf. Was tun, wenn die Wehen jetzt einsetzen? Was tun, wenn die Geburt hier stattfinden muss? Muss ich dann den Nachtportier um Unterstützung bitten? Hätte ich nicht ein paar Müllbeutel und Reservehandtücher mitnehmen müssen? Ein zu weich gekochtes Ei kann zwar eine enorme Sauerei verursachen, aber die Stunde null eines schlüpfenden Menschenfötus toppt es nicht.

Meine Frau hatte geschlafen wie ein Baby, ich nicht. Wie ein aufgescheuchtes Huhn schreckte ich bei jeder Bewegung, jedem Seufzen von ihr hoch aus meinem Alptraum: Das Baby kommt jetzt! Bist du bereit?

Am Morgen sah ich auf meinem iPhone, dass es sechs Uhr war, ich hatte noch kein Auge zubekommen. Mein Entschluss stand fest, wir müssen nach Hause, jetzt. Allerdings konnte ich nicht aufstehen. Der Stress war mir in den Rücken geschossen, ich lag platt im Bett wie ein greiser Superheld. Was für ein Kerl, seine Frau steht kurz vor der Geburt und er hat vor Stress Rücken. Ich sagte kein Wort und ließ mich krumm wie eine Banane aus dem Hotelbett gleiten. Dann teilte ich meiner Frau mit: »Schätzchen, ich glaube, es ist für dich und das Baby das Beste, wenn wir wieder nach Hause fahren …«

Meine Frau wollte unbedingt zu Hause gebären, schon wegen der vertrauten Atmosphäre. Das leuchtete mir ein. Ich gab ihr sowieso bei allem recht. Ich habe nämlich nicht nur eine riesige Ehrfurcht vor meiner schwangeren Frau, sondern auch Todesängste vor *The evil endorphine eye.*

THE EVIL ENDORPHINE EYE

#Push it to the limit PAUL ENGEMANN

Meine Frau ist alles andere als ein hysterischer Typ, sie wird weder schnell sauer noch geht sie gleich an die Decke. Gerade deswegen ist das Endorphin in ihrem Blut besonders angsteinjagend. Denken Sie an ein Raubtier, das Angst riecht; eine Löwin, die einen ruhig ansieht und im nächsten Moment anfallen kann. Endorphin wirkt bei Frauen wie Kokain bei Al Pacino in »Scarface«. *Say hello to my little friend …* Und Endorphin, davon haben schwangere Frauen mehr als genug.

Anne, eine Freundin von uns, ist das beste Beispiel dafür. Diese tolle und tatkräftige Frau verwandelte sich im siebten Schwangerschaftsmonat in eine geladene Pistole. Ihr Freund Alex ging eines Abends aus. Gegen ein Uhr fand Anne, es sei nun genug. Sie schimpfte so lange auf seine Voicemail, bis sie voll war. Als sie über einen Freund herausgefunden hatte, wo er herumsaß und alkoholische Getränke zu sich nahm, wusste sie genug. Mittlerweile kamen hormongeschwängerte Dampfwolken aus ihren Ohren. Im Bademantel und mit getigerten Pantoffeln an den Füßen bestieg sie ihren riesigen Jeep Grand Cherokee und raste in Richtung des für den Autoverkehr gesperrten Leidseplein. Kein Gesetz, keine Straßenbahngleise, kein erhöhter Fußweg und auch keine inzwischen verwaiste Caféterrasse konnten sie aufhalten. Sie fuhr mit ihrem Edeltraktor über alles drüber und stoppte schließlich vor dem Nachtclub Jimmy Woo. Die Leute in der Schlange vor dem Einlass guckten verdutzt. Da stand eine Frau in einem rosa Bademantel und mit Pantoffeln an den Füßen und brüllte wie eine Furie: »Wo ist mein Mann, wo verdammt ist mein Mann?« Alex, der drinnen in aller Seelenruhe ein Bierchen trank, kam nach draußen und wunderte sich nicht wenig über das, was er da sah: einen verwüsteten Leidseplein, ein Auto, unter dem noch ein Caféstuhl klemmte, und eine ziemlich aus der Fassung geratene Frau. Freundlich, zugleich mit tödlicher Angst vor dem *Evil eye* seiner geladenen Frau, kam er … nun ja …, zu dem Entschluss, es sei an der Zeit, nach Hause zu gehen. Also sagte er mit einem gewissen Understatement: »Hallo Schatz, lieb, dass du mich abholst. Fährst du heute Abend?«

Meine Frau und ich wussten mittlerweile nicht mehr weiter. Unser Baby war fertig – und das waren wir auch. Unser Kind durfte nun wirklich endlich kommen … Wir zählten die Monate, Wochen und Tage. Frei nach dem Motto: Je länger es dauert, desto schneller geht es dann. Eine Theorie, die wir zusammen entwickelt hatten und auf die wir besonders stolz sind.

Babys kommen, wann sie wollen, da hilft auch kein errechneter Geburtstermin. Obwohl? Im Durchschnitt kommen die meisten Kinder ungefähr eine Woche »zu spät«, meinte unsere Super-Hebamme Conny. Meine Liebste hatte inzwischen die Nase gestrichen voll. Als Schnecke ohne Lebensziel schleppte sie sich durch die Tage. Also vereinbarten wir einen Termin bei Conny und bekamen erneut zu hören, dass die meisten Babys zwar eine Woche später geboren werden, dass man jedoch ein bisschen nachhelfen könne. Keine Sorge, von mir erfahren Sie keine Einzelheiten, niemand ist heiß auf Insider-Informationen zu Themen wie Abgang des Schleimpfropfes und Ähnlichem. Manche Sachen will man lieber gar nicht erst wissen.

Also sagte meine Frau in ihrem besten Deutsch: »Harry, hol schon mal den Wagen …« Super Idee, fand ich, machte mich auf die Socken und holte das Auto. Zu Hause angekommen, richteten wir uns im Schlafzimmer ein. Welch wundervoller Tag! Die Türen standen offen, die Gardinen bewegten sich sanft in der lauen Frühlingsluft, draußen wetteiferten die Vögel mit einem polnischen Handwerker um Aufmerksamkeit. Drinnen herrschte eine besondere, unvergleichliche Stimmung. Noch ein bisschen warten, plaudern und still sein. Nur, so etwas halte ich nicht aus! Das ist nichts für mich! So eine Art Zahnarzttermin, bei dem im Wartezimer der Nikolaus mit einem riesigen Geschenk hinter dem Vorhang steht. Deine Frau muss vor der Bescherung nur noch eine komplette Behandlungstortour durchstehen!

Das Ergebnis von alledem war, dass ein kleines Mädchen, das vor neun Monaten im Bauch meiner Frau entstanden und dann dort gewachsen und ausgereift war, innerhalb von zwei Stunden in unseren Armen lag.

SCHLAFLOS

#I can't get no sleep FAITHLESS

Eine ganze Reihe meiner Freunde reden sich tapfer und hoffnungsvoll ein, mit dem erwarteten Baby würde sich nichts ändern. Sie gehen abends weiterhin aus, trinken so viel wie eh und je und beharren auf der Meinung, nur alte Leute würden vor zehn Uhr ins Bett gehen. So einfältig war ich auch bei meinem ersten Kind. Vermutlich hat die halbe Welt versucht, mir klarzumachen, dass sich alles ändern würde, aber davon wollte ich nichts wissen. Darum höre ich jetzt den werdenden Vätern aus meinem Freundeskreis geduldig zu, ohne mich zu äußern. Und ich lasse sie, weiter vor sich hinplappernd, in freiem Fall in den Abgrund stürzen, wo Windelberge, schlaflose Nächte und Ohnmachtsgefühle ihrer harren. Ich sehe zu, wie sie, das Gesicht zu einer panischen Grimasse verzerrt, feststellen müssen, dass in ihrem Zuhause die Wochenpflegerin und die Schwiegermutter das Regiment übernehmen. Und dann, wenn sie wie an einem Bungeeseil zurückfedern, sehe ich, wie die Panik in Euphorie umschlägt. Sie haben das Wunder erkannt, sind überwältigt von Begeisterung, Liebe und Zärtlichkeit. Einfach großartig ist das Leben, wenn man sich ihm so hingibt! Für kurze Zeit aalen sie sich in diesem Gefühlsüberschwang, der sie halb betäubt, umhüllt von einer rosaroten Wolke.

Aber das unfassbare Wunder beschert ihnen unruhige Nächte, in denen sie grübeln, wie sie mit gerade mal dreieinhalb Stunden Schlaf den kommenden Tag überstehen sollen, an dem mit Sicherheit wieder Tanten, Großtanten, Freunde und Nachbarn aufkreuzen, um das Baby zu bestaunen, um

Strampelhöschen und Hemdchen anzuschleppen und zu flö-
ten: »Ach je, ganz die Mutter« oder »Eigentlich sieht sie keinem von euch ähnlich, bis auf die Öhrchen, die hat sie vom
Papa.« Alles Unsinn – Neugeborene sehen nichts ähnlich,
besser gesagt, niemandem. Ihr Anblick unmittelbar nach der
Geburt kann einen ganz schön erschrecken. Manche sind rot,
andere lila, sie sind voller Blut, frischem und geronnenem, von
einer weißlichen Schicht namens Käseschmiere bedeckt, und
manchmal ist auch noch der Schädel verformt. Keine Panik,
das ist alles einfach so. In Filmen dagegen sind Neugeborene
immer schön rosa und frisch gewaschen. Ein himmelweiter
Unterschied zur Praxis: Die meisten Babys sehen erst einmal
so aus wie E.T., wenn er Spaghetti Bolognese gegessen hat,
sofern man Glück hat.

Aber ich schweife ab: Nach der ersten Woche fast ohne
Schlaf steht man also schwankend neben der Wiege und muss
sich dummes Zeug anhören. Und das, liebe Leute, macht kei-
neswegs Freude. Auch wenn man inzwischen erkannt hat, wie
herrlich es ist, ein Baby zu haben.

Extremer Schlafmangel ist alles andere als schön, und das
ist noch untertrieben …

Ein Mensch kann etwa sechzig Tage ohne Essen auskommen, aber schon nach zehn Tagen ohne Schlaf stirbt er.
Bitte beachten: Das sind Durchschnittswerte, *don't try this
@ home!* Schlafen ist eine Notwendigkeit, die in der west-
lichen Welt mit all ihrer Hektik gewaltig unterschätzt wird.
Bei den Römern wurde Schlafentzug als Foltermethode eingesetzt: *tormentum vigiliae.* Und in Guantanamo hat man
Kriegsgefangenen eine Gehirnwäsche verpasst, wobei auch
Schlafentzug eine Rolle spielte.

Menschen, die zu wenig Schlaf bekommen, entwickeln
leicht eine Depression, haben zunehmend das Gefühl, hinter

ihrem Rücken geschähen irgendwelche Dinge, sind schnell gereizt und können sich schlecht konzentrieren. Während man ohne Essen, Liebe, Sex, Gin Tonic, Musik und Filme ziemlich lange auskommen kann, beginnt man schon nach vier Tagen ohne Schlaf zu halluzinieren, und nach einer weiteren Woche ist man, wie gesagt, tot.

Liebe frisch gebackene Väter: Was euch zu schaffen macht, ist nicht der Prozess des Vaterwerdens oder das Gefühlschaos, es ist der Schlafmangel. Ein Zustand, der zum Glück nicht ewig dauern wird … Aber er ist nun einmal das Vertrackte in der ersten Zeit der Elternschaft. Das Leben verändert sich ohnehin in schwindelerregendem Tempo, und dann muss man auch noch das entbehren, was enorm wichtig fürs Glück ist und Stabilität bringt, und das ist nicht ein Baby, das ist: ausreichend Schlaf.

EIN RICHTIGER MANN

#The Godfather waltz NINO ROTA

Ich komme aus einer Familie mit drei Söhnen, eine typische Männerfamilie. Daher blieben mir die *Dos & Don'ts* einer guten Beziehung und funktionierenden Kommunikation mit einer Frau anfangs ziemlich undurchsichtig. Es dauerte eine Weile, bis ich begriff, dass der Unterschied zwischen Mann und Frau mehr umfasst als die körperlichen, also offensichtlichen Dinge. Die wesentlichen Unterschiede sind mir wirklich erst seit ein paar Jahren klar.

Dass die meisten Frauen erst mal über Probleme reden möchten, während die meisten Männer am liebsten sofort eine Lösung präsentieren, fand ich noch viel später heraus. Gut, wenn man so etwas weiß. Vielleicht auch für Frauen eine ganz hilfreiche Information. Einen Benziner betankt man schließlich auch nicht mit Diesel, um diesen DNA-Unterschied in der Kommunikation mal in Männerworte zu fassen.

»Hör mir doch mal zu«, sagt sie.

»Das mache ich doch, aber ich weiß schon, was zu tun ist«, tönt er.

Diese Art von Gespräch findet bei uns zu Hause nicht mehr statt. Ich höre mir gern ihr Gequatsche an, und sie lässt geduldig meine ach so gut gemeinten Unsinnsratschläge über sich ergehen. Manchmal kann man sich besser »gegenseitig ertragen«, als nach der »letzten Wahrheit« zu suchen. Verliere die Schlacht, aber gewinne den Krieg. Mit anderen Worten: Nimm dein Ego im Dienste des Hausfriedens zurück. Und erst recht bei schwangeren Frauen solltest du biegsam wie Bambus sein, egal was sie fragen oder sagen oder möchten. Du sollst dich allem fügen und beugen, dich krumm machen, verbiegen und nachgeben, flexibel sein.

»Ich möchte ein rosa Kinderzimmer!« – »Super, Schatz, das machen wir.«

»Liebling, ich weiß, dass es vier Uhr nachts ist und du schläfst. Aber ich habe solchen Appetit auf Lakritze. Kannst du bitte zur Tankstelle gehen?« – »Kein Problem.«

»Das Baby muss zu Hause in seiner gewohnten Umgebung schlafen, wir können dieses Jahr nicht in Urlaub fahren!« – »Das verstehe ich doch, Liebes.«

Bei all und jedem musst du biegsam wie Bambus sein, musst dich in jede Richtung biegen, biegen, biegen.

Von Objektivität weit und breit keine Spur. Schließlich ist jeder davon überzeugt, stets objektiv zu sein. Bei einer Diskussion über Amazonas-Indianer lässt sich diese Behauptung selbstredend leichter verteidigen, als wenn es um Probleme zwischen Mann und Frau geht. Im Endeffekt ist dann doch jeder entweder Mann oder Frau, nicht wahr?

Frauen wollen und können alles viel länger genießen, Männer hingegen wollen schnell und pragmatisch ans Ziel. Das könnte zu der These führen, Frauen seien zu langsam und Männer zu bequem.

Nehmen wir das Einkaufen. Ich begleitete meine schwangere Frau regelmäßig, lief wie ein zahmes Bambi an ihrer Seite, und jedes Mal war ich überrascht, wie lange sie sich umschaute, verglich, um dann doch weiterzuziehen auf der Suche nach dem Gleichen, nur ein bisschen anderem eben. Es nahm kein Ende, und das war, glaube ich, auch der Sinn des Ganzen! Ich konnte mich dann wahlweise auf einem Sitzsack neben der Umkleidekabine niederlassen oder zu den rauchenden Kollegen der Fraktion Fraueneinkaufsbegleiter am Eingang gesellen. Ich sah förmlich, was denen durch den Kopf ging, und dachte mir meinen Teil dabei. Mit einem Blick des Einverständnisses. Seit wir Kinder haben, rauche ich leider nicht mehr, sonst hätte ich wenigstens noch einen guten Grund gehabt, meinen täglichen Nikotinbedarf vor der Tür zu decken. Aber nein, ich stand dort mit all den anderen Männern nur rum und tat das, was von uns erwartet wurde: mit unseren Frauen nett einkaufen zu gehen.

Den besten Beweis dafür, wie unterschiedlich Männer und Frauen ticken, findet man logischerweise dort, wo unsere körperlichen Unterschiede eine entscheidende Rolle spielen: beim Sex.

Die meisten Männer wollen sehen, Frauen wollen fühlen. Ich brauche keine Scheinwerfer und auch keine Neonröhren, aber völlig im Dunkeln fände ich dann doch schade. Des Weiteren bevorzugen die meisten Frauen ein längeres Vorspiel und mögen kein abruptes Ende. Huub Stapel, ein holländischer Schauspieler, brachte mir das in seiner Theatervorstellung »Männer sind vom Mars, Frauen von der Venus« äußerst subtil bei: Eine Frau ist wie ein Ofen, du musst erst mal kurz vorheizen. Ein Mann ist wie eine Mikrowelle: Rasend schnell heiß und genauso schnell wieder abgekühlt.

Männer wollen außerdem öfter, deswegen sind sie auch weniger an langen Sessions interessiert. Quantität statt Qualität, könnte man sagen. Obwohl auch einiges für »seltener«, dafür aber »länger« spricht. Warum aber sollte man sich Zeit lassen und warten, wenn man etwas richtig Gutes gleich kriegen kann?

Männer sind simpel gestrickte Wesen und eigentlich recht schnell zufrieden: Gebt uns das Gefühl, dass wir toll sind, kocht uns ab und zu unser Lieblingsgericht und streichelt uns einmal pro Woche über den Kopf ... fertig. Mehr braucht es nicht, um den durchschnittlichen Mann überhappy zu machen.

Das »wahre« Glück hat selbstredend mit ganz anderen Dingen zu tun als mit Essen, Trinken und hin und wieder einander tief in die Augen schauen, ob nun mit oder ohne Halogenstrahler. Eine echte DC-2 fliegen sehen, einen Abendkurs ganzheitliches Kochen besuchen, ein Chakra-Reading in Delhi erleben, *you name it.* Es gibt viele Wege zu einem erfüllten Leben.

Ich beispielsweise bin überglücklich, dass wir Kinder bekommen haben. Es ist nicht immer nur wunderbar, es ist auch nicht einfach oder entspannt, aber es gibt nichts Tolleres, als den Spaß und das Glück der eigenen Kinder mitzuerleben.

Nun scheint man aber nach umfänglichen Studien dahintergekommen zu sein, dass es doch fraglich ist, ob Menschen vom Kinderkriegen glücklicher werden. Es wird sogar das Gegenteil behauptet!

So las ich in einer Zeitung in fetten Großbuchstaben: »Kinder machen nicht glücklich«. Und was in der Zeitung steht, ist wahr, das weiß doch jedes Kind. Eine niederländische Soziologin hat untersucht, was es bedeutet, Kinder zu haben. Sie selbst hat zwei und ist, wie auch ihr Mann, nicht unglücklich. Ihre Studien ergaben, dass Eltern im Jahr vor der Geburt und auch ein Jahr danach zufriedener sind als vorher. Dann aber geht es bergab. Die rosarote Wolke, auf der die Eltern happy sind, hat also eine Lebensdauer von knapp zwei Jahren. Danach ist alles Mist. Eine alte niederländische Bauernregel deutet es schon an: Ziehn erst die rosaroten Wolken weiter, stehst du im Regen wie kein zweiter …

Laut der Studie haben Männer übrigens auch an diesen zwei Jahren weniger Freude. Das kann ich durchaus bestätigen, allerdings aus anderen als den in der Studie genannten

Gründen. Denen zufolge soll der Mann vor allem darunter leiden, dass er weniger Freizeit und weniger Geld zur Verfügung hat. Außerdem sei er gestresst von der Situation als Familienernährer.

Nun, das kommt mir bekannt vor, dennoch, der schlimmste Feind ist Schlafmangel. Und wie er sich auf die Laune, die häusliche Stimmung und »andere« Aktivitäten auswirkt.

»Die Frau wendet im Allgemeinen mehr Zeit für das Baby auf, ihre Arbeit ist weniger anspruchsvoll als zuvor, sie verdient weniger und sie fühlt sich gesellschaftlich weniger angesehen. Natürlich kann sie auch weiterhin Vollzeit arbeiten, wird dann aber als schlechte Mutter abgestempelt. Zumindest erfährt sie das so.«

Wirklich toll, ein Kind zu haben. Wie kann man es aber verhindern, dass man mit Baby unglücklich wird? »Die Kunst ist, dass beide Elternteile weiterhin möglichst viel und möglichst flexibel arbeiten gehen und dass dabei genügend Zeit übrig bleibt, um zusammen schöne Sachen zu unternehmen.«

Sieh da, Glücklichsein war noch nie so einfach!

Der Studie zufolge konnten meine Frau und ich uns also schon mal zitternd und bebend auf das heranziehende Unheil einstellen ... Unsere Jüngste war nämlich gerade zehn Monate alt. Ich durfte also noch zwei Monate die wundervolle, leuchtende rosarote Wolke genießen. Aber aufgepasst, nach diesem Höhepunkt des Glücksgefühls würde der Spaß schnell vorbei sein. Und für die Frau sowieso.

Meine Güte, was wird doch dauernd geschwafelt! Als ob man Glück messen könnte. Dann bräuchte man ja eine Art Indexierung, um Vergleiche anzustellen? Das Lebensglück kann man doch nicht nach Wahrheitskriterien beurteilen? Glück, das sind Phasen und Momente. Kein Mensch ist immer glücklich.

Manchmal werde ich gefragt: »Wie macht ihr das? Ihr beide habt beruflich super viel um die Ohren, dazu vier Kinder, und trotzdem wirkt ihr glücklich.«

Damals, als meine Frau und ich uns eine Eigentumswohnung kauften, träumten wir von einer Villa Sorgenfrei mitten im gepflegten Amsterdam-Süd. Dort wollten wir unsere Kinder bekommen. Wir hatten uns die Sache so schön zurechtgelegt: »Natürlich kümmern wir uns um unsere Kinder, sie brauchen Liebe und Zuwendung. Und sicher, einige Dinge in unserem Leben werden sich ändern, aber im Großen und Ganzen bleibt alles beim Alten. Wir organisieren einen tollen Babysitter, und wenn wir hier und dort noch ein paar Zugeständnisse machen, dann können wir unser Leben weiterhin so führen, wie wir es gewöhnt sind.« Logisch, denn warum sollten wir unser Leben verändern? Interessante Jobs, Freunde und ein schickes Apartement am Vondelpark. Massenhaft Energie für die nächste spontane Party oder eine überraschende Einladung zu einem Essen mit Freunden. Das alles genossen wir in vollen Zügen, und vor allem auch unser Zusammensein. Unser Schlafzimmer, ach, unser tolles, aufregendes Bett, besser als in Tausendundeiner Nacht. Wirklich wahr, alles lief super. Da brauchte sich nichts zu ändern! Nur dass wir uns eine große Familie wünschten. Als dieser Wunsch glücklicherweise in Erfüllung ging, sah es mit unserem Lifestyle dann doch ganz anders aus.

Nachdem nun innerhalb weniger Jahre vier Kinder unser Leben bereichern, hat sich unser Liebesnest in ein Organisationsbüro mit angeschlossener Pflegeeinrichtung verwandelt. Unser Traumhaus ist ein liebevolles *Bed & Breakfast* geworden, das mit konsequenter Hand geführt werden muss, wenn nicht das totale Chaos ausbrechen soll. Obwohl mich mein Vater immer gewarnt hat: »Junge, geh bloß nicht in die

Gastronomie, da musst du rund um die Uhr für die Kunden da sein, *twentyfour/seven*«, ist offensichtlich etwas schiefgelaufen. *Twentyfour/seven* kann dich auch außerhalb der Gastronomie erwischen, das weiß ich jetzt.

Meine Frau und ich sind in unserem eigenen Etablissement die Gelackmeierten. Wir sind die Anlaufstelle für alle Probleme, Fragen, Wünsche. Von morgens früh bis abends spät stehen wir unseren Kunden zur Verfügung. Unser Familienbetrieb hat eine flache Unternehmenshierarchie: zwei geschäftsführende Gesellschafter und ein paar unentbehrliche stellvertretende Geschäftsführer. Das Tätigkeitsprofil der beiden geschäftsführenden Gesellschafter ist relativ klar umrissen. Der weibliche Part nimmt alle Aufgaben der primären Versorgung wahr, zudem in der Regel die Außer-Haus-Termine wie Mütterberatungsstelle, Friseur und dergleichen. Der männliche Part des Duos sorgt für die Unterhaltsplanung, die Verwaltung und die Müllentsorgung. Wenn es nötig ist, springen Stellvertreter ein.

Unsere Kundschaft besteht aus vier Stammkunden. Als Kleinunternehmer freut man sich in Krisenzeiten natürlich über diesen zwar überschaubaren, aber absolut markentreuen Kundenstamm. Einziger Nachteil, wir sehen für unsere Arbeit keinen einzigen Cent. Nein, das fröhliche Duo wird mit glückseligen Blicken, geröteten Wangen und gefüllten, immerhin geruchsdichten Windelbeuteln belohnt.

Unser altes Leben ist Geschichte, vorbei. Wenn unsere Kunden eine eigene Wohnung beziehen, in, sagen wir mal, ungefähr zwanzig Jahren, können wir uns als junge Alte wieder richtig ins Getümmel stürzen. Klingt fantastisch, oder? Und unser großes Ehebett hat sich während der Schwangerschaften und für mindestens das erste Jahr danach in ein Sanatorium verwandelt, in dem der lebensnotwendige Schlaf in homöopathischen Dosen verabreicht wird. Woran sich auf absehbare Zeit nichts ändern wird. So ist das, wenn man Kinder hat.

Wir müssen für die Organisation unserer Betreuungseinrichtung so viel Zeit aufbringen, dass Momente, in denen wir mal nichts müssen, Mangelware sind. Unsere Kinder bekommen zum Glück noch nicht mit, wie oft meine Frau und ich telefonieren, mailen und simsen, um in unserem Terminkalender Zeit für uns oder für die Familie freizuschaufeln. Schlimmer noch, wir müssen wendig wie eine zehnjährige chinesische Turnerin sein, sollte uns am übernächsten Wochenende der Sinn nach einem Trip nach London oder Wladiwostok stehen.

Mit *einem* Kind funktioniert es noch so wie mit einer Handtasche. Die kann man einfach ablegen. Vier Kids bei jemandem abzugeben, grenzt jedoch an Folter. Für unsere Kinder im Übrigen auch.

Ein Wochenendtrip zu zweit in ein Hotel mit herrlich knisternder Leinenbettwäsche und 24-Stunden-Zimmerservice liefert den perfekten Background, um sich gegenseitig entzückend, anziehend und einzigartig zu finden. In Wirklichkeit aber ist Liebe die knallharte Zeit, die für den Alltagsstress draufgeht.

Sind wir deswegen unglücklich? Nein, natürlich nicht. Krankheiten, Geldsorgen und die Ehe mit Sabina Boulahrouz oder Donald Trump machen unglücklich. Kinderkriegen nicht. Aber man kann mit Kindern schon mal vergessen, wo im Leben man eigentlich steht. Mit der Frage »Ist so das Leben, das ich mir immer gewünscht habe?« ist man dann allerdings zu spät dran. Jetzt ist die Situation, sich darauf einzulassen. Ziemlich schwer heutzutage; jahrhundertelang hatten Frauen und Männer es so einfach. Alles war klar und eindeutig, im Grunde idiotensicher.

Ich Mann, du Frau … Ughh …

Ich jagen, du versorgen … Ughh …

Ich groß und stark, du lieb und hübsch … Grrr …

Ich bestimme wie, du bestimmst wie oft …

Denken Sie mal drüber nach, genauso ist es.

Als Homo sapiens gibt es uns nun schon seit ungefähr 150 000 Jahren, aber erst in den letzten fünfzig Jahren wurden wir alle zusammen in die totale Verwirrung gestürzt. Frauen mussten auf einmal robust, stark und unabhängig werden, Männer wiederum weich, fürsorglich und emotional. Jede Frau musste nun eine *Bitch* mit Eiern in der Hose sein, Power- und Karrierefrau zugleich. Zwischendurch am besten noch ein paar Kinder kriegen und immer gepflegt und jung aussehen, das alles mit Kleidergröße 36 bitte schön.

Dass die allermeisten Frauen etwas mollig sind, hat Mutter Natur nicht umsonst so vorgesehen. Denn wie unser Gynäkologe immer sagte: »Eier brauchen zum Wachsen Fett.« Ich bin fest davon überzeugt, dass sich eine über fünfzigjährige, frustrierte, sitzengelassene Frau aus der Modewelt dieses schrecklich enge Korsett moderner Weiblichkeit ausgedacht hat.

Aber ich kann mich auch irren, ich bin nur ein Mann …

Und auch die Männer mussten plötzlich alles Mögliche mitmachen: die Babytrage, Gesprächsgruppen und Tag- und Nachtcremes. Robust, aber mit einer offenen, sensiblen und verständnisvollen Seite, stark genug, um schwach zu sein und kuschelnd, umarmend und hüpfend durch die Gegend ziehen … Nur zur Klarstellung: Von mir aus soll jeder und jede das halten, wie er oder sie möchte, und ich bin der Meinung, dass Frauen ruhig Größe 42 haben und Männer hin und wieder ihr grobschlächtiges Stammtischgerede pflegen dürfen.

Ja, und dann gibt es noch die Ausnahmefrauen, die das alles prima hinbekommen. Die Ursula von der Leyens und die

Barbara Schönebergers dieser Welt, die sich super als Power-babes behaupten. Aber für die Durchschnittsfrauen, die ich kenne, ist es verdammt schwer, einem Beruf nachzugehen, sich aber auch um ihre Familie zu kümmern. Die meisten Männer wollen sich auch um ihre Kinder kümmern und in ihrem bezahlten Job trotzdem Karriere machen. Warum sind wir nur alle zusammen in einer Gesellschaft angekommen, in der das Familienleben weniger wichtig ist als ein Job außer Haus – das ist für mich die große Frage! Als ob ein bezahlter Job das einzig Seligmachende wäre, um sich selbst zu verwirklichen. Jeder Mensch ist in seinem Job ersetzbar, aber jedes Kind hat nur einen Vater und eine Mutter.

Wir sollten die Unterschiede zwischen Mann und Frau positiv sehen und nicht versuchen, aus jeder Frau eine Karrierelady und aus jedem Mann einen Hausmann zu machen. Aber wie schon der »Uberman«, das Alphamännchen, »The Godfather« Vito Corleone sagte: *A man who doesn't spend time with his family can never be a real man.*

EINE THEORIE UND EIN HUND

#*Physical* OLIVIA NEWTON-JOHN

Ich komme mir lächerlich vor, es ist aber unausweichlich, ich werde mich dem Kampf stellen müssen. Alle sehen es. Der Speck muss weg. Also rackere ich mich ab, liege im Schlafzimmer auf dem Teppich und mache, ziemlich unsexy, Übungen.

Zugegeben, dieser Feld-Wald-und-Wiesen-Fitnessroutine gehe ich erst seit ungefähr drei Wochen nach, trotzdem bin ich schon richtig gut in Fahrt. Seit Jahren weiß ich, dass nichts als Sport hilft, um meinen Adoniskörper von einst zurückzukriegen. Nur kann ich Fitnessstudios a) nicht leiden und finde sie b) schmuddelig. Eine schlechte Kombination und eine gute Ausrede zugleich. Alternativ könnte ich wie eine echte Sportskanone ein paar Runden durch den Vondelpark joggen. Ganz ehrlich? Liegt mir nicht!

Ich habe dazu zwei interessante Theorien gehört:

Theorie eins: Frauen werden zu dick (wobei, was heißt das: zu dick?), weil sie ihrem Mann nicht vertrauen.

Theorie zwei: Die meisten Männer nehmen, genau wie ihre Frauen, während der Schwangerschaft zu.

Ich begebe mich auf dünnes Eis, ich weiß. Die erste Idee hat es mir jedoch angetan. Ein etwas untersetzter Sangeskollege erklärte mir voller Begeisterung die erste Theorie: »Bassie, als der Mensch noch in Höhlen lebte, hatte er nicht immer genug zu essen, besonders in strengen Wintern gab es oft monatelang nichts zu beißen. Da wir, genetisch betrachtet, noch immer der gleiche Homo sapiens sind, liegt die Angst vor Hunger und Not in unseren Genen. Eine Frau, die zu viel isst, hamstert eigentlich nur, weil sie nicht darauf vertraut, dass ihr Mann sie beschützen und versorgen kann.« Er sah mich an, nahm einen Schluck Bier und bestellte flugs Mayonnaise mit Fritten dazu. »So, so«, sagte ich, »und folgerichtig hat ein zu dicker Mann also kein Vertrauen in seine eigene Zukunft und ist deswegen schon mal am Hamstern? Und du fängst auch schon damit an.« Er warf mir über den Rand seines Bierglases hinweg einen enttäuschten Blick zu, dippte seine Fritten bis an die Finger in die Mayonnaise, dann sagte er kopfschüttelnd und in mitleidigem Ton: »Bassie, Bassie, du verstehst es mal wieder nicht.«

Im Übrigen ist dieser dem Alkohol zugetane, messerscharf analysierende Hobbypsychologe ebenfalls Vater, pflegt seine Pfunde aber schon länger. Ich hingegen habe eben mindestens acht Kilo zugenommen, seit ich Vater geworden bin. Da meine Frau in den paar Jahren, die wir uns kennen, nun schon dreimal schwanger war, kann ich aus empirischer Erfahrung bestätigen, dass Männer während der Schwangerschaft ihrer Frau dick werden. Wie kommt das? Hier meine vier möglichen Antworten zur Auswahl:

A. Wir Männer wollen unsere Frauen beim Zunehmen nicht im Stich lassen, eine soziale Geste also. Wenn sie für uns dicker wird, dann werden wir das auch für sie. Nicht, weil wir das toll finden, nein, das ist nicht der Fall. Wir machen es, weil wir uns geistig und körperlich völlig einfühlen in unsere schwangeren Frauen. Ich zum Beispiel finde es schrecklich zuzunehmen, ich mache es nur aus Solidarität. Ja, so sind wir Männer!

B. Männer essen während der Schwangerschaft aus Frust. Frauen kriegen Lust auf Schokolade, Männer fangen an zu futtern. »Die unerträgliche Sexlosigkeit des männlichen Schwangerseins« wird mit gutem Essen kompensiert.

C. Noch simpler, der Mann wird schwabbelig, weil er in dieser Phase nun einmal zu wenig andere körperliche Entspannung bekommt. Die Frau ist schuld daran! Folglich hängt er auf dem Sofa rum und versucht, das Testosteron mit einer Tüte scharfer Tortilla-Chips wegzuknabbern.

D. Absolut banal: »Das Schäfchen ist im Trockenen, jetzt kann ich mich gehen lassen.«

Leider ist die Gewichtszunahme nicht die einzige körperliche Veränderung, der ich mich ausgeliefert sehe. Alles fing mit der Geburt unserer jüngsten Tochter an.

Jetzt ist sie noch kein Jahr alt, fängt gerade an zu krabbeln, steckt sich alles in den Mund und kreischt, wenn ihr etwas nicht passt. Kurzum, sie ist im echten Leben angekommen. Wir sind ganz vernarrt in diesen kleinen Schelm mit abstehenden Ohren. Fast wie Will Smith, nur in Babyrosa. Wir nennen sie daheim »White Willy«. Ach wie süß, wie süß!

Nachts ist nichts mehr mit süß. Das letzte Fläschchen bekommt sie gegen elf, und dann heißt es abwarten, wann das Gebrüll wieder losgeht. Meistens ist es zwischen zwei und halb vier so weit. Dann macht einer von uns beiden im Halbschlaf ihr nächstes Fläschchen fertig. Oder der eine bohrt dem anderen den Ellenbogen in die Seite: »Gehst du heute, Schatz?« Glücklicherweise sind wir beide von recht aufgeräumter Natur.

Letzte Woche allerdings gab es Stunk, ein Schnupfen ließ mich schnarchen. Es gibt nichts Unangenehmeres, Libidotötenderes und Nervigeres als einen Schnarcher im Bett. Es muss so sein, obwohl ich nichts davon weiß, ich schlief ja. Meine Frau machte es rasend, jeden Morgen wachte sie griesgrämiger auf und fand es gar nicht witzig, wenn ich aufgeweckt fragte: »Gut geschlafen, Schatz?«

Freitag musste ich dran glauben. Wegen meiner ungewollt angewendeten Foltermethode wurde ich des Bettes verwiesen und musste mich auf eine kleine Matratze ins Kinderzimmer zu unseren beiden anderen Töchtern trollen. Familienleben in der Nussschale. Als ich durch eine muntere Mädchenstimme geweckt wurde, traute ich meinen Ohren nicht.

»Fien, wer schnarcht da so laut?«

»Ich nicht, Leentje, du, da schnarcht ein alter Mann ...«

Mein nächtliches Astdurchsägen ging vorbei, wie es gekommen war, von ganz allein. Ich liege also wieder auf dem ach so gemütlichen ehelichen Lager. Das Schnarchen hatte wohl nichts mit meiner väterlichen Korpulenz zu tun.

Aber das ist bedauerlicherweise noch immer nicht alles. So wie mein Bauchumfang in den letzten Jahren zugenommen hat, hat mein Erinnerungsvermögen abgenommen. Weil ich ein Mann bin und noch dazu ein kreativer, ist es doppelt schlimm. Ich vergesse wirklich die simpelsten Dinge und verlege dauernd meine Sachen. Nicht bloß das Schlüsselbund, eine Minute nachdem ich reingekommen bin, nein, ich muss auch dauernd mein Handy anrufen, um es aufzuspüren. Unzählige Male bin ich schon durch Amsterdam-Süd geirrt auf der Suche nach meinem Auto. Das Antragsformular für die Anwohnerparkerlaubnis, der Terminzettel vom Zahnarzt, Einladungskarten, in unserem Haus verschwindet alles in einem schwarzen Loch. Und glaub' mir, sollte ich es jemals finden, steht die NASA vor der Tür, es ist nämlich wirklich riesig.

Manschettenknöpfe, mein Lieblingstweedjackett (Typ Burschenschaft) oder meine Lackschuhe. Ständig alles weg. Gemotze und Geschimpfe über meine unauffindbaren Kleidungsstücke sind der Auftakt zu jeder Party, wohlgemerkt nachdem ich mich mit meinem gerade wiedergefundenen

Handy beim Gastgeber erkundigt habe, wie eigentlich der Dresscode lautet.

Der Zustand meines Gedächtnisses, in ein Kurvendiagramm gefasst, ließe sich nur schwer von dem einer fortgeschrittenen Altersdemenz unterscheiden. Ich, ein *Early Adopter?* ... wie nett.

Kèren, meine persönliche Assistentin, hat sich daran gewöhnt. Jeden Morgen rufe ich sie mit derselben Frage an: »Was steht heute noch mal auf dem Programm?« Natürlich braucht sie mich nicht daran zu erinnern, welches Kind ein Fläschchen braucht und wann ich es meinem Baby geben muss, aber – da beißt die Maus keinen Faden ab – sie erzählt mir zum zehnten Mal, wo und wann ich auftreten oder ein Interview geben und den Müll rausstellen muss. Halt, das Letzte nicht, das sagt mir meine Frau.

Bei unserer letzten großen Nikolaus-Familienfeier schien das schwarze Loch noch unergründlicher zu sein, als ich es mir vorstellte. Die Familie meiner Frau kam zu Besuch, um mit uns einen »wundervollen Abend« zu verbringen. Zur Familie meiner Frau gehörte in diesem Fall der Hund meines Schwagers, der – ganz zufällig – Roef heißt. So wie mein viel zu früh verstorbener Bruder Roef, ein ziemlich bekannter Schauspieler in Holland. Im Backofen wurden die Banketstaven goldbraun, die Kinder hatten erwartungsvolle Augen. Alles Friede, Freude, Eierkuchen. Bis plötzlich jemand rief: »Wo ist Roef?« Der Nikolaus hatte die Geschenke für die Kinder noch nicht gebracht, und der Hund war weg, einfach unauffindbar. Meine Nichten weinten, meine Schwägerin hatte Tränen in den Augen, Stimmung im Eimer und alle in Aufruhr. Ganz Amsterdam haben wir abgesucht. »Roef, wo bist du denn?«, »Roehoeeeffff« schrie ich, während die Leute auf der Straße mich mitleidig musterten. Polizei und Tierrettungsdienst wurden alarmiert. Stundenlang radelte ich durch die Gegend, fragte rum und verteilte meine Telefonnummer.

»Was für einen Hund suchst du denn?« – »So einen braunen Labrador.« Und dann folgte die Frage, die ich befürchtet hatte: »Und wie heißt er?« – »Also, äh, Roef.« – »Oh, wie dein toter Bruder.« – »Äh, genau, den suche ich aber nicht.«

Kurzum, meine Laune war hinüber und draußen war es kalt. Allerdings gibt es in Amsterdam-Süd ungefähr genauso viele braune Labradore wie SUVs mit sonnenbebrillten Typen hinterm Steuer. Jeder hatte also irgendwo einen gesehen. Im Vondelpark, beim Blauwe Theehuis oder in der P. C. Hoofstraat. Ich folgte jedem Hinweis, doch kein Roef, nirgends.

»Roehoef, wo bist du?«, rief ich.

Überall gingen Nikoläuse und ihre Knechte in hellerleuchtete Häuser mit freudig erregten Eltern und Kindern. Es wurde immer später, und ich brummelte vor mich hin: »Ich hab's ja gewusst, bei uns gibt es ein schwarzes Loch und jetzt hat es den armen Hund verschluckt.« Als ich mich endlich, nach stundenlanger Suche, wieder nach Hause traute, war mir klar, dass unser wundervoller Abend dieses Jahr etwas weniger wundervoll ausfallen würde. Müde und erschöpft ging ich rein.

Noch einmal rief ich bei der Polizei an, ob sie vielleicht schon etwas gehört oder gesehen hätten. Nein, leider nicht. Die Stimmung hatte sowieso schon fast den Nullpunkt erreicht und rutschte nun in den Minusbereich. Feier futsch, Gemütlichkeit futsch, Hund futsch.

Siehste, dachte ich, Kinder und Haustiere: keine ideale Kombination.

Ich blickte mich um, sah die fast runtergebrannten Kerzen, die inzwischen kalt gewordenen Banketstaven, die Eltern betrunken, die Kinder weinend, kein Hund – und noch keine

Geschenke! Das war's! Mit der Bescherung würde dieser Abend vielleicht doch noch zu retten sein. Ich schlich in den zweiten Stock, und da liegt liegt dieser Scheiß-Hund Roef gemütlich vor dem Kamin im Lesezimmer.

Mein Bruder Roef, der liebte auch Bücher.

BÄLLE, HAUSTIERE UND WIE MAN EINDRUCK AM ERWACHSENENTISCH HINTERLÄSST

#Honesty BILLY JOEL

Hauptsache, du beschützt sie im Straßenverkehr, vor Loverboys und Mobbing in der Schule, dann kann nichts schiefgehen. So dachte ich. Bis ich in der Zeitung die Meldung las: »Bällebad wahrer Hort von Bakterien.« Wow, was für eine Neuigkeit! Das wussten wir doch schon lange! Das hat doch wohl jede Mutter, jeder Vater und auch jeder normal denkende Mensch im Urin! Aber jetzt hatte man es schließlich offiziell untersucht.

»In Bällebecken gibt es mehr Enterobakterien als Bälle. Man muss wissen, dass diese Bakterien in der Darmflora von Mensch und Tier vorkommen. Durch kleine Missgeschicke wie Übergeben, Einnässen und schmutzige Hände gelangen sie in den Spielbereich.« Ihhh … Die Bälle in den Mega-Plastikbecken glänzen und gleiten so schön, weil sie eingeschmiert sind mit »Darmflora«.

Ich weiß nicht, was Sie sich dabei vorstellen, für mich ist es jedenfalls ein ausgesprochen unangenehmer Gedanke. Mag sein, dass ich übersensibel bin oder an einer Schmutzphobie leide, vielleicht sogar beides. Aber jeder von uns wusste es, und niemand hat Alarm geschlagen. Bällebad … Der blöde Name allein schon!

Allerdings gehören Toiletten von Tankstellen, Kinos und andere stark frequentierte öffentliche Gebäude auch nicht gerade zu meinen Lieblingsorten. Aber da ist man wenigstens auf der Hut. Und ich erst recht. Ich habe eine ausgeklügelte

Gymnastikübung entwickelt, bei der ich mit meinen Schuhen, Knien und Ellenbogen eine WC-Tür öffnen, die WC-Brille hochklappen und auch noch die Spülung betätigen kann.

Schwergängige WC-Türen bekomme ich so leider nicht auf, also betrachte ich so lange interessiert das Tankstellenangebot an BiFi-Würstchen und lauere darauf, dass jemand anderes die Tür aufmacht. Dann schlüpfe ich schnell mit rein, indem ich die Tür mit dem Fuß aufhalte. Ich bin bestimmt nicht gelenkig, aber die Turn- und Gymnastikübungen, die ich in öffentlichen Toiletten vollbringe, sind sehenswert.

Insbesondere auf Kindergriffhöhe befinden sich überall Brutstätten. Ein wahres Horrorszenario ist es, wenn eines meiner Kinder im Vorraum einer öffentlichen Toilette gewickelt werden muss. Da überlege ich schon mal, mein Kind noch ein Stündchen, bis wir zu Hause sind, im Maxi-Cosi »schmoren« zu lassen.

Auf einer öffentlichen Toilette nehme ich mehr wahr, als mir lieb ist. Ich bin jedes Mal wieder überrascht, wie viele »gepflegte« Menschen sich nicht die Hände waschen, nachdem sie auf dem Klo waren. Aufgrund einer individuellen Studie wage ich sogar zu behaupten, dass jeder dritte WC-Besucher sich nicht die Hände wäscht. Wenn ich mit Leuten am Tisch sitze, die ich nicht gut kenne, und frage, ob mir jemand ein Brötchen reichen könne, dann hoffe ich inständig, dass man mir den ganzen Korb rübergibt.

Noch viel mehr schrecken mich Hunde ab. Früher, zu Hause, hatten wir einen Hund, Herta, Marke Promenadenmischung mit ausgeglichenem Charakter. Konnte man hervorragend mit spielen, herumtollen oder kuscheln – und ab und zu ging die Zunge durchs Gesicht. Alles prima.

Meine Kinder wünschen sich schon länger einen Hund. Aber seit ich beobachtet habe, woran ein Hund überall mit

Hingabe rumschnüffelt, riecht und leckt, möchte ich keinen mehr. Auf der Straße machen sich Hunde mit der Schnauze an den Hodensack von Nachbars Hund ran, schnüffeln ausgiebig an einer soeben vollgepinkelten Hecke, um sich am Ende daheim selbst überall sauberzulecken – und als Sahnehäubchen gehen sie dir noch einmal durchs Gesicht. Meine Kinder wollen natürlich trotzdem unbedingt einen Hund. Aber auch meine Frau geht bis auf Weiteres in Deckung; sie weiß nur zu gut, wer sich letztendlich um das Tier kümmern wird. Sie ist zwar lieb, aber nicht blöd. Und da wir vorerst noch mitten in Amsterdam wohnen: Was hat ein Hund in der Stadt zu suchen? Ein Hund sollte im Wald herumrennen oder auf einem Hof Hühnern hinterherjagen, aber nicht auf einem gepflasterten Gehweg einen schönen großen Haufen setzen, sodass du mit den Händen das noch warme »Geschäft« in einer kleinen Tüte in deiner Jackentasche verstauen musst.

Unsere Kinder wünschen sich ein Haustier, Kaninchen, Meerschweinchen, Maus oder Goldfisch, egal. Nun liegt das durchschnittliche Alter, das ein Haustier in der Obhut eines Kindes erreicht, weit unter der normalen Lebenserwartung. Wie viele Goldfische und Guppys werden im Klo weggespült? Wie viele Kaninchen und Meerschweinchen aus lauter Liebe kaputtgespielt? Wie viele Zwerghamster und Wüstenmäuse überstehen ein trostloses Jahr in einem Laufrad? Diese Tiere hätten im Sprengkopf einer nordkoreanischen Mittelstreckenrakete mehr Chancen zum Überleben als in den Händen eines Kindes.

Als Kind hatte ich Sakimoto, eine Chinesische Nachtigall, die bei ihrer wöchentlichen Flugstunde, während der Käfig gesäubert wurde, unversehens im Kochtopf landete. Wer, bitteschön, fliegt denn in einen Kochtopf? Tja, meine leicht nervöse Chinesische Nachtigall Sakimoto. Super Timing, kann man nicht anders sagen: Die Hälfte der Familie blieb mit den halbfertigen Fleischklößchen zurück, während meine Mutter und ich mit dem halbgaren Sakimoto zur Vogelauffangstation hasteten, die sich gleich bei uns um die Ecke befand. Glück im Unglück sozusagen. Unser kleiner Freund sah aus wie »Möwe nach Ölpest«, nur im Spatzen-Format. Ein verklebtes, mitleiderregendes Häufchen Federn. Er wurde mit einem Anti-Öl-Shampoo gewaschen und anschließend in einer Art kleinen Föhnkabine getrocknet. »Wir tun unser Bestes, Frau Ragas, mal sehen, wie er die Nacht übersteht, wir rufen Sie morgen an.« Am nächsten Morgen kam der Anruf.

»Tut uns leid, Frau Ragas, das Vogelleben ist verflogen.«

»Witziges Wortspiel«, erwiderte meine Mutter etwas reserviert. Fürs Erste kamen keine Vögel mehr ins Haus. Fleischklößchen umso mehr.

Unsere Hündin Herta hingegen hatte es gut bei uns in Lisse. Zwischen den Tulpenfeldern und im Keukenhof-Wald konnte sie rumrennen und ihre Häufchen machen, wo immer sie wollte. Sonntags ging es an den Strand, kurzum, sie führte das Gegenteil von einem »Hundeleben«.

Wenn mal wieder der sonntägliche, peinigende Pflichtbesuch bei Oma und Opa Ragas anstand, musste Herta genauso mit wie meine Brüder und ich. Meine Großeltern waren ganz anders als die unserer Kinder heute. Oma und Opa kamen uns uralt vor, hatten wenig Sinn für Humor, und auf kommunikativem Gebiet waren sie auch nicht gerade Weltspitze. Da saß man dann als achtjähriger Knirps zusammen mit den beiden Brüdern und den Eltern in einem Siebziger-Jahre-Bungalow. Wenn man etwas erzählte, musste es schon sehr unterhaltsam sein, um das Interesse meiner Großeltern zu wecken … Dunkle, schwere Holzmöbel, todernste Erwachsenengespräche, im Hintergrund, etwas zu laut, das nicht gerade leichte Requiem von Fauré. Wie soll ich sagen? So richtig urgemütlich für einen Achtjährigen und seine Brüder. Zumal meine Brüder und ich damals nicht wirklich eine innige Beziehung pflegten, es sei denn, man möchte das gegenseitige Ärgern, Quälen und die ewigen Streitereien als Bruderliebe bezeichnen. Wie nett, drei Jungs, dann können sie schön zusammen spielen, denkt man doch als Vater oder Mutter. Meine Brüder nannten mich den »roten Boxball«. Womit alles gesagt ist.

Es war also eine Überraschung, als uns Roef, mein ältester Bruder, an einem Sonntagmorgen ins Vertrauen zog: »Jungs, wisst ihr was, ich finde Oma eigentlich nicht nett. Sie stellt uns zwar einen Teller mit Süßigkeiten hin, aber in Wahrheit interessiert sie sich überhaupt nicht für uns und so.« Ja, das fanden wir beiden anderen auch und nickten zustimmend. Wir drei waren uns völlig einig. Ein besonderer, denkwürdiger Moment.

Wie immer zog sich der Sonntag ewig hin. Sie hatten keine Spielsachen für uns und keine Comics. Es gab nichts anderes als Herumsitzen, Filterkaffee trinken und Familiengeschichten erzählen. »Tante Jo hat eine neue Hüfte bekommen und Onkel Johan eine neue, zwanzig Jahre jüngere Freundin.«

Bevor wir nach Hause fahren würden, ging es noch irgendwo zusammen mit Oma und Opa zum Abendessen. So wurde in einem brechend vollen, viel zu warmen Restaurant Familiengeschichte geschrieben. Zum ersten Mal durfte ich am Erwachsenentisch Platz nehmen und musste mich nicht mehr in der »Kinderparadies-Abteilung« mit drei oder fünf fremden Kindern abgeben, die von ihren Eltern ebenfalls in dieser traurigen Ecke des Restaurant abgestellt worden waren. Nein, ich war acht Jahre und durfte endlich bei den Erwachsenen am Tisch sitzen.

Während ich auf einem Bissen Schnitzel herumkaute, überlegte ich, worüber wir mal reden sollten, wir Erwachsenen untereinander. Mir fiel etwas ein: »Weißt du, Oma, Rufy findet dich nicht so nett.« Ich sah, wie meine Eltern sich etwas aufrechter hinsetzten und meine Großeltern mir das erste Mal ihre volle Aufmerksamkeit schenkten. Das fand ich gut. Fröhlich und mannhaft erzählte ich weiter: »Du gibst uns zwar einen Beutel Mars Minis, aber ansonsten sind wir dir ziemlich egal.« Ich sehe noch vor mir, wie mein ältester Bruder knallrot anlief, mein Bruder Jeroen vor Lachen fast an seiner Krokette erstickte und meine Eltern mir Blicke voller Bestürzung und Scham zusandten. Ich musste etwas Besonderes gesagt haben, und da wusste ich: Von jetzt an gehöre ich richtig dazu. Mein Platz ist am Erwachsenentisch.

LFF, DAS KLINGT WIE EINE HAUTPILZINFEKTION

#Knowing me, knowing you   ABBA

Ich stritt es ab. Wider besseres Wissen. Ich fühlte mich wie auf einem rutschigen Abhang, aber ich meinte, immer noch Kurs zu halten. Für die Idee? Für das Gefühl? Oder machte ich mir was vor? Es war mein eigenes Selbstbild, mit dem ich haderte. Ich war ein Vater. Das ist schön. Ein Mann, der die Verantwortung der Vaterschaft nicht scheute. Das ist noch besser. Ich sagte das zu mir selbst als eine Art Mantra.

Meine Gedanken wandern in die Zeit zurück, als ich mit meinem Sohn Sem im Fahrradkörbchen vor mir umherradelte. Er sah aus wie E.T. im Korbsitz auf dem Crossbike. Mein kleiner Mann mit seinen kleinen weißen Knien in diesem Korb. Ich war immer noch ich selbst, aber jetzt mit einem Kind. Mit Kind als Gepäck. Ich war Vater geworden, weil dieser kleine Mann sich eingestellt hatte, aber ich fühlte mich nicht so. »Du lernst dich selbst erst kennen, wenn du Kinder hast«, erklärten um mich herum Väter und Mütter. Ich verstand nicht, was sie meinten. Es war eine Art lebender Koffer voller Liebe, um den ich mich kümmern und auf den ich besonders gut achten musste und den ich überallhin mitnehmen konnte. Aber »sich selbst besser kennenlernen«? Ja, ich habe mich selbst kennengelernt – als Weichei und Typ ohne Rückgrat.

Ich liebte meinen kleinen Mann über alles und war stolz auf ihn. Nur: Die einfache Tatsache, dass du Kinder machen kannst, macht dich nicht zum Vater. Und eigentlich »machen«

wir Männer überhaupt wenig. Also wenig, was über diesen einen klebrigen Esslöffel hinausgeht.

Eine Weltreise, ein Buch, ein LSD-Trip, es gibt vieles, was einen Menschen verändern kann. Bei Sander, einem meiner Freunde, fiel der Groschen, als Abba *Knowing me, knowing you, ahaaa* sangen. Seitdem wusste er, dass er auf Männer stand. Herzliche Grüße an Björn und Benny. Warum aber sollte für mich der große »Ahaaa-alles-ändert-sich-Moment« mit meinem ersten Kind kommen? Warum sollte jetzt alles anders werden, warum sollte ich jetzt erkennen, wer ich wirklich war? Totaler Quatsch, ich wusste genau, wer ich war. Und daran würde sich mit Kindern nichts ändern: Mein Leben geht weiter, die Kinder kommen einfach dazu.

Plötzlich fiel mir auf, dass halb Amsterdam auf Lastenfahrrädern durch die Gegend strampelte. In der Regel saß eine Fußballelf von Kindern drin, die von verschwitzten, bläulich angelaufenen Filipino-Au-Pair-Mädchen kutschiert wurden. Es gab auch Fahrräder mit schönen, traditionellen Müttern mit schelmischem Barbara-Touch. Die MILF in optimaler Form. Bei Männern sah es nicht so gut aus. Geradezu Angst jagte mir der Typ »super-korrekt, ein bisschen Macho, aber immer in Kontakt mit meiner sensiblen Seite« ein. Männer auf Lastenfahrrädern als bewegliche Aushängeschilder eines traurigen, langweiligen, geschlechtslosen bürgerlichen Lebens. Vorzugsweise hatten die Kinder Helme auf, die einem Formel-1-Fahrer gut zu Gesicht gestanden hätten. Als ob wir nicht alle mit flatternden Haaren auf unseren Rädern groß geworden wären! Ja, ja, jeder Kinderarzt wird sagen, dass ein Helm wirklich kein Luxus ist, aber ich konnte mich nicht daran gewöhnen. Ein LastenFahrradFahrer, ein LFF ... Es klingt wie eine Hautpilzinfektion an einer schwierigen Stelle ... Ein Lastenfahrradfahrer war wirklich gruselig. Kurz: Das

Lastenfahrrad mit dem dazugehörenden Vater war genau das, was ich nicht wollte und nicht sein mochte.

Aber in einem unbeobachteten Moment knickte ich ein. »Dieses Fahrrad ist ja auch kein echtes Lastenfahrrad ... Nein, es ist Fünfziger-Jahre-Retro-Style und azurblau und deswegen total anders.« Huschwusch, von da an ging's bergab, geradewegs zum LFF-Status.

Nun, es muss gesagt werden: So ein Lastenfahrrad ist eine superpraktische Sache. Kinder, alte Zeitungen, Bierkisten oder die leeren Wein- und Ginflaschen, alles passt rein. Und es war nicht nur praktisch, ich war völlig überzeugt, dass mein trendy und nicht so sehr wie ein Lastenfahrrad aussehendes Lastenfahrrad top war, erstklassig!

So viel zu Phase eins. Und es ging schnell weiter. Nach Sem wurde Leentje geboren, und innerhalb von drei Jahren kamen Fien und Catoo hinzu.

Radfahren und Einkaufen mit vier Kindern ist wie eine Sturmbahnübung. Die Lösung war ein grandioses Mega-XXL-Lastenfahrrad mit einem Kindersitz, versehen mit Sicherheitsgurt am Gepäckträger und einer an die Vorderseite geschweißten Konstruktion, an der man den Maxi-Cosi-Babysitz befestigen konnte. Ich hatte das größte T-Rex-Lastenfahrrad in ganz Amsterdam, auf das irgendjemand irgendwann in großen Lettern »Fuck you« aufsprühte. Wahrscheinlich ein Fuck-Teenager, der zu kindisch war, um zu verstehen, dass ein Lastenfahrrad ein megageiles Gerät ist. Ein Lastenfahrrad ist der ultimative feuchte Vatertraum.

Übrigens, warum ist eine nette Mutter auf einem Lastenfahrrad eine begehrenswerte MILF und ein netter Vater ein trauriger LFF?

Genau: »Ich bin ein FILF!« Mit einem Lastenfahrrad. Natürlich konnte ich mir alles Mögliche einreden, Tatsache war, dass ich älter wurde und nicht nur mein Fahrrad und mein Auto ein paar Nummern größer ausfielen. Ich selbst hatte mich am Trend der letzten Jahre beteiligt und war in fünf Jahren um zehn Kilo älter geworden. Wenn ich nicht aufpasste, würde ich bald aussehen wie ein eklig-gemütlicher Gartenzwerg mit einem runden Bauch, der über den Gnomenriemen hängt. Einige »gute« Freunde sprachen es aus: »Du siehst aus wie dein Idol Elvis, als er in dein Alter kam.«

Also war es an der Zeit, den Kampf aufzunehmen. Essen und Trinken aufzugeben war keine Option. An einem verregneten Montagmorgen entschied ich: »Ich mache Sport.« Du findest es großartig, dich auszupowern, bis dir kotzübel wird und du anfängst, wie ein Otter zu schwitzen. Vielleicht verliert man Gewicht, aber das stehst du nicht durch. Jedenfalls nicht, wenn diese perfekten, muskelbepackten Trainer dich auf den Fitnessstudio-Strich schicken.

Ich fühlte mich unwohl in meiner verwaschenen, zehn Jahre alten Jogginghose und meinem zu engen T-Shirt. Überall sah ich hippe Typen zu lauter Musik an glänzenden Metallmaschinen rumhantieren. Es dauerte nicht lange, bis ich entdeckt wurde. Der Boss der Fitness-Inquisitoren kam zu mir. »Hey, Mann, alles klar? Ich bin Roy. Du bist neu hier. Na, wir werden ein leckeres Trainingsprogrämmchen für dich zusammenstellen, und du wirst sehen, die Pfündchen purzeln!«

»Top Plan, Roy, ich muss nur schnell was aus der Umkleidekabine holen, bin gleich zurück.« Alles klar mit deinem »Trainingsprogrämmchen« – und tschüss.

Meine Frau und ich würden uns an diesen Körper gewöhnen müssen. Es war »mehr« als früher, aber so hatte sie auch mehr zum Lieben.

Doch es kam noch zu weiteren Veränderungen an meinem Körper, meine Bartstoppeln verschwanden. Manchmal hatten meine Kinder ausgesehen, als wären sie gerade mit einer Black & Decker auf Stand neun geschliffen worden. Ihre Wangen waren voller roter Flecken und Streifen. Die Damen im Kindergarten fragten: »Ist alles in Ordnung mit den Kindern? Haben sie nicht die Röteln?« – »Nein, ich habe mit ihnen gekuschelt ...«, so mein haariges Statement.

Meine Frau war auch nicht traurig, dass mein Bart verschwand. Sicherlich, unsere intimen Momente mochten seltener geworden sein, aber einige Sachen sind für eine Frau angenehmer ohne Bart ...

Was würde die nächste Phase der Komplettveränderung sein? Ich wusste es bereits: der Umzug in ein Dorf. Raus der Stadt. Denn dort war das Leben für mich gut, aber nicht für vier kleine Kinder. Wenn sie Fußball spielen wollten, sagte ich, lasst uns lieber im Haus bleiben. Wenn sie Rad fahren wollten, umkreise ich sie wie eine hysterische Muttergans, aus Angst, dass ein vorbeirasendes Taxi sie anfahren würde. Nirgends ein kleiner Platz oder ein Feld, um zu toben, ein Feuer zu machen, eine Hütte zu bauen, stattdessen ein von Leergutcontainern umstellter Spielplatz, um den herum der Verkehr brauste. Wenn mein Sohn einen Freund besuchen wollte, musste ich ihn hinbringen, denn es war zu gefährlich, den kleinen Kerl alleine über die Straße zu schicken.

Nach Freizeit, Körper und Sexualleben musste nun die Stadt dran glauben. Der Ort, an dem ich den größten Teil meines Lebens verbracht hatte.

Ich war zwölf Jahre alt, als ich Anfang der achtziger Jahre nach Amsterdam kam. Ich durfte für ein Wochenende bei Roef, meinem ältesten Bruder, bleiben, der ein Zimmer in Amsterdam-West bewohnte. Ich war in einer sehr großen, aufregenden Welt gelandet. Mit Anfang zwanzig zog ich selbst nach Amsterdam. So wie es nur Jungen von zwanzig mit ihren Ambitionen, Unsicherheiten und testosterongeschwängerten Träumen tun, warf ich mich in die Stadt.

Die neunziger Jahre waren *die* Jahre, um in Amsterdam zu leben. Die House- und Techno-Szene wurde im Roxy Club kreiert, überall entstanden neue Party- und Tanztrends. Die gesamte Stadt stand Kopf, als Ajax die Champions League gewann. Ja, im Fußball gewinnen, das kam vor in den Niederlanden … damals. 1996 fand der erste Gay Pride statt, im Nachtclub de IT sah ich zum ersten Mal ein Traube von Tänzerinnen in Käfigen, Quentin Tarantino lebte in Amsterdam und schrieb das Drehbuch für »Pulp Fiction«, diesen Film, in dem die total aggressive Dekadenz wie ein Vulkan ausbricht. Die Undergroundpartys der Hausbesetzerszene in den Kellern der Silos waren legendär. All meine pubertären Träume schienen greifbar, und ich spürte, wie die Stadt um mich herum summte, krachte und vibrierte.

Mit dem Ende der neunziger Jahre war das vorbei. Der Roxy Club ging in Flammen auf und wurde nicht wieder aufgebaut. Heute steht ein Bekleidungsgeschäft mit – wie passend! – »extra großen Größen« an seiner Stelle. Aus der Tanz- und Tranceszene wurden tuntige Partys mit Security hinter jedem Baum, praktischen Trink-Chips und Festivalbier. Selbst Ajax scheint in den Neunzigern hängengeblieben zu sein, jedenfalls haben sie nach 1995 nie wieder ein großes Turnier gewonnen. Der Gay Pride verkam zu einer traurigen, langweiligen Faschingsparty, gesponsert von Firmen und übereifrigen »Ich-bin-auch-für-Schwule-da«-Politikern, de IT hat Pleite gemacht. In die Silos wurden Apartements hineingebaut, jedes mit eigenem Lift, und drumherum eine Promenade.

Die Stadt Amsterdam war nicht mehr die alte. Amsterdam war ein touristisches Airbnb-Rollkoffer-Museum im Schatten seiner selbst geworden. Amsterdam – ein langweiliger Lastenfahrradvater. Mit einem Bauch. Wie ich. Höchste Zeit zu gehen …

DIE EXPLOSIONSARTIGE VERMEHRUNG DER KUSCHELTIERE

#*Teddy bear*   ELVIS PRESLEY

Beim ersten Kind war ich noch unbedarft. Seit wir nun den vierten Zwerg im Haus haben, ersaufen wir buchstäblich in Spielsachen. Es läuft darauf hinaus, dass unsere Kinder zu vier Geburtstagen, Nikolaus, Weihnachten und bei jedem Schwimm-, Tanz- oder Sportwettkampf und für jedes Zeugnis sowieso mit nutzlosem Zeug zugeschmissen werden. Nicht ein Teddy, nein, zwölf. Außerdem Kuschelgiraffen, Elefanten, Hasen, Vögel, Tiger, Löwen und Pinguine. Ja, die haben wir auch daheim, in allen Größen und Farbvarianten, die man sich vorstellen kann. Und obwohl die meisten kleinen Kinder am liebsten mit Kissen, Decken und raschelndem Verpackungsmaterial spielen, sorgen »unsichtbare Mächte« für einen nicht versiegenden Strom an Krempel.

Unser Plastikberg hat exorbitante Ausmaße angenommen, es ist nur noch peinlich. Töpfchen, Löffelchen, Eimerchen, Sandförmchen, kleine Harken und Siebe. Das alles liegt auf- und ineinander in der Sandkiste, die – was sonst – aus Plastik ist. Man sieht den Sand vor lauter Förmchen nicht. Die Aufklappbücher funktionieren nicht mehr oder sind zerrissen, weil eines unserer Kinder mal nachsehen wollte, ob das letzte geschlossene Fensterchen nicht vielleicht doch zum Aufmachen ist. Und dann haben wir auch noch große Boxen voller Filzstifte mit chemischen Dämpfen und Buntstifte mit abgebrochener Spitze sowie haufenweise Reste von Wachsmalkreide. Der Scheiterhaufen an »umweltfreundlichen und

gesellschaftlich akzeptierten, makrobiotischen Spielsachen«
ist ebenfalls riesig. Brave, klarlackierte skandinavische Holz-
autos und Türmchen, mit denen niemand spielen will. Es sei
denn, man ist Schwede, Veganer oder weltfremd.

Wie war das eigentlich früher? Warum hatte ich als Kind
nie das Gefühl, ich würde in Spielsachen umkommen? Wir
hatten zwar Lego und Playmobil, aber auf die Burg von Playmobil warte ich bis heute. Obwohl: Ehrlich gesagt, habe ich
sie inzwischen »für meinen Sohn« gekauft. Also früher gab es
diesen Überfluss nicht. Fußballsammelbilder und Schlümpfe
musste man selbst kaufen und bekam sie nicht gratis zu einer
Einkaufstüte voll Fertiggerichten, gebrauchsfertigen Gemü-
sestückchen und frisch gepressten Säften … Aber was soll's,
früher war früher und heute ist heute.

Was also sollten wir tun? Niederländer, die wir sind, waren
wir zunächst vom Prinzip »in gegenseitigem Einvernehmen«
überzeugt. Man gewöhnt es sich allerdings recht schnell ab,
eine Vierjährige zu fragen, ob sie nicht mal in ihrem Berg
Spielsachen nachsehen möchte, was davon weg kann. Mit
kleinen Knirpsen kann man keinen Deal machen, überhaupt
ist es bullshit, mit ihnen zu verhandeln. Das mussten wir ge-
schickter anpacken. Es lief darauf hinaus, dass meine Frau
und ich alle halbe Jahr nachts, ganz heimlich, versteht sich,
durchs Haus tigern, um einen Müllsack mit Spielzeug vollzu-
stopfen, das sowieso in der Ecke rumliegt.

So wie wir Anfang Dezember auf Zehenspitzen nach unten
gehen und die Geschenke hinlegen, so verschwinden auch
Sachen wieder in demselben großen Sack, so Zeug wie der
Pfeile schießende Roboter mit Sirene, das KLM-Flugzeug mit
abgebrochenen Flügeln und die Baby-Born-Puppe mit lebens-
echten Funktionen, die sowieso hinüber ist.

Nicht darüber reden, bloß nicht die Aufmerksamkeit darauf

lenken, einfach verschwinden lassen. So wie in Russland politische Aktivisten und Oligarchen in Arbeitslagern in Sibirien verschwinden, verschwindet bei uns die sprechende Toy-Story-Puppe mit ihrem nervtötenden Gebrabbel.

Die Spielsachen, die noch in Ordnung sind, werden aber von keinem schwarzen Loch verschluckt. Wir haben eine tolle Organisation gefunden, die dafür ein viel besserer Ort ist als unser Haus.

Merkwürdig ist nur, dass unsere Kinder nie fragen, wo all das Spielzeug bleibt. Wahrscheinlich denken sie, dass es einfach »verschwindet«, genauso wie es einfach »kommt«. Und da muss ich ihnen recht geben, es ist und bleibt ein unaufhörliches Kommen. Aber wie es kommt, geht es auch wieder. Nicht gewünscht, nicht vermisst.

BOA CONSTRICTOR

#Every breath you take   THE POLICE

Es war ein typischer Samstagmorgen. Nicht so einer wie vor ein paar Jahren, als ich noch an jedem Tag der Woche meinen Rausch ausschlafen konnte. Nein, Realitätscheck, dies war ein klassischer Familiensamstag.

So um sechs Uhr rum wird immer irgendwer wach. »Papa, darf ich das iPad?«

Die betäubende Wirkung von Tablets auf Kinder hat schon so manche Eltern vor einem *nervous breakdown* bewahrt. Uns auch. Wir drehen uns noch einmal für ein Stündchen um, während unsere Kinder apathisch auf dem Sofa rumhängen und auf ein flimmerndes Display starren. Heute ist Wochenende. Genau wie früher, nur ein kleines bisschen anders.

Manchmal fühlt es sich so an, als ob wir nur Vater und Mutter spielen. So als ob wir in einem Theaterstück die Hauptrollen besetzen.

Heute steht erst die Geburtstagsfeier für meinen Neffen Benjamin auf dem Programm und später, am Nachmittag, muss Sem zum Sport.

Auf dem Kindergeburtstag ist richtig viel los. Alle sind gekommen, überall stehen Chips, Limonade und halb ausgepackte Geschenke rum: ein vollautomatisches Feuerwehrauto mit Sirene, das 3D-Computerspiel *Call of Duty:* Black Ops und ein Geronimo-Stilton-Buch. Mein Bruder hat sich mit ein paar anderen Männern in die Küche zurückgezogen, sie genehmigen sich schon mal das erste Bier.

Hier und da stehen Mütter aus der Nachbarschaft mit

etwas zu hippen und etwas zu großen, zu teuren Kinderwagen, einem Glas Chardonnay plus einem quengelnden Kind am Rockzipfel locker verteilt in der Gegend rum. Die Cousins und Cousinen stopfen sich mit Erdnussflips voll, und ein blasses Nachbarsmädchen blickt betrübt auf das Möhrchen, das ihr von ihrer etwas zu dünn geratenen veganen Mutter in die Hand gedrückt wurde.

Ich gehe zu meinen Eltern rüber, die sich in eine Ecke des Gartens verzogen haben.

»Ja«, sagt meine Mutter, »früher rauchten noch alle bei solchen Feiern, überall stand der blaue Dunst. Als gute Gastgeberin bot man Zigaretten in Sherrygläsern an. Von Kinderstühlen, Zucker ist ungesund, Sicherheitsgurten, Kinderfahrradhelmen und Pisa-Tests hatten wir noch nie gehört. Es war damals erheblich einfacher für uns. Wie viel Cola, Limo, Mäusespeck und Lakritzschnecken ihr euch in die Mäuler gesteckt habt!

Aus den meisten Kindern werden doch einigermaßen normale Leute. Wie auch immer, die Sachen, die ein Vater heutzutage mit seinen Kindern unternehmen soll – das ist doch überhaupt nicht nötig! Dafür hatten wir früher gar keine Zeit. Und eure Ernährung war selbstverständlich nicht glutenfrei oder makrobiotisch und enthielt auch keine linksdrehenden Smoothies. Ein Käsebrot und ein Glas Milch, das ist, was Kinder brauchen.

Und bloß nicht den Gören zu viel Aufmerksamkeit schenken! Wie das die Eltern heutzutage machen. Sie erdrücken ihre Kinder ja förmlich vor Liebe – wie eine Boa constrictor.«

»Mama, du übertreibst«, werfe ich ein, aber meine Mutter macht einfach weiter.

»Dein Vater war früher nie vor acht Uhr zu Hause, rauchte wie ein Schlot und ging auf keinen Fall mit zu deinen

Fußballturnieren. Die Väter damals machten nichts mit ihren Kindern. Ja, manche ›Väter‹ in Heimen, die machten ›was‹ mit Kindern, aber das meine ich nicht.«

»Mamm, das ist nicht witzig …«

»Papa, wir müssen los, sonst kommen wir zu spät.« Mein Sohn setzt sich zu uns, und seine Oma sieht mich bedeutungsvoll an.

»Ja, Liebling, wir gehen jetzt.«

Sem ist elf, und ich sehe ihn durch das gemeinsame Sorgerecht mit meiner Ex nur die Hälfte der Zeit. Wenn er achtzehn ist, ist er für mich gefühlt erst neun. Dieser Zeitverlust nagt an mir. Als miterziehendes Elternteil macht man es eigentlich nie richtig, und ab Montag sehe ich ihn vielleicht wieder eine ganze Woche nicht. Also versucht man, das mit oft übertriebener Aufmerksamkeit wettzumachen. Ob das nun pädagogisch sinnvoll ist oder nicht … Und ehrlich, das interessiert mich nicht die Bohne.

Nachdem ich Tooske und die Mädchen zu Hause abgesetzt habe, fahren Sem und ich zum Sportplatz. Offensichtlich hängt hier halb Holland rum, um den eigenen Kindern beim Sport zuzusehen. Ich auch.

Nachdem uns der Ablauf des Nachmittags mitgeteilt und die Notwendigkeit erläutert wurde, dass »Eltern sich bitteschön nicht in die Wettkämpfe einmischen«, geht es endlich los. Erst Kugelstoßen, dann Hochsprung und schließlich der 1000-Meter-Lauf. Das ist Sems Disziplin.

»Meine Damen und Herren, liebe Jungen und Mädchen, der 1000-Meter-Lauf findet auf Bahn 1 statt!«

Sem hockt sich in den Startblock, und ich rücke noch seine Ferse gerade.

Ich blicke auf seine Konkurrenz und vermute, dass dies ein schwieriges Unterfangen werden dürfte. Fünf athletische Jüngelchen, von denen die meisten mindestens vierzehn sind. Das ist nicht fair!

Ich hebe mein Kinn etwas an, sehe Sem durchdringend an und flüstere: »Du musst die Innenbahn nehmen, die erste Runde bei der Gruppe bleiben, dich langsam nach vorn schieben, und dann am Ende noch einen Sprint hinlegen …«

»Hallo, würden Sie bitte die Bahn freigeben?«

»Jaja, Sekunde noch! … lass dich nicht einschüchtern, spiel dein eigenes Spiel …«

»Würden Sie jetzt bitte die Bahn räumen?«, höre ich irgendwo hinter mir in ziemlich genervtem Ton. Ich entdecke an der Seitenlinie einen wettergegerbten »Brust raus, Bauch rein«-Sportsfreund mit Startpistole und Trillerpfeife. So einen Popeye-Testosterontyp, der mehr Wachstumshormone in sich hat als ein Hühnchen von Kentucky Fried Chicken.

Ich brumme noch ein: »Okay, mein Sohn, viel Spaß …« Mein Hals pocht, ich begebe mich an die Seitenlinie. Mein großer Zeh ragt ein winziges Stück über den Rand. »Die Füße von der Bahn, bitteschöööööön!«, höre ich diese Pfeife zischen …

»Auf die Plätze, fertig …« Peng, der dumpfe Knall der Startpistole. Und da geht er ab wie Speedy Gonzales. Und ich? Ich sprinte hinterher, renne am Rand der Aschebahn mit.

»Sehr gut, laufen, weeiiiter …« Andere Eltern, Schiedsrichter, Kinder oder was auch immer, ich sehe nichts mehr außer ihm. Auch nicht die Kühlbox, die unfassbar blöd im Weg steht. Geschmeidig springe ich doch noch darüber, bleibe aber mit einem Fuß hängen. Mit dem anderen Bein kann ich gerade noch mein Gleichgewicht halten, aber die hellblaue Box mit belegten Brötchen und Saft kippt um. Aus dem Augenwinkel sehe ich die pikierten Blicke der picknickenden Eltern und renne weiter. Welcher durchgeknallte Trottel stellt so'n Ding direkt neben den Track?

»Lauuuuuf …«, brülle ich den Läufern hinterher.

Noch dreihundert, zweihundert, noch fünfzig Meter. Sem läuft in der Spitzengruppe, mindestens drei Läufer hinter sich. Mein Herz pocht wie verrückt, ich habe Seitenstechen, als ob sich ein Speer in mich bohrt, und mein Sohn rennt und rennt und kommt als Dritter über die Ziellinie.

Ich sehe nichts und niemandem mehr, das Adrenalin schießt mir durch die Adern. »Super, Sem, das hast du fantastisch gemacht, du warst spitze«, rufe ich ihm zu. Die Knilche schnaufen sich ein bisschen aus und starren mich bestürzt an, wie ich schwitzend und keuchend um sie herumtänzle.

Sie haben das Rennen gemacht, nicht ich.

Ich trau mich nicht, mich umzudrehen, fürchte mich vor dem Blickkontakt mit dem Schiedsrichter und den anderen Eltern. Ich muss an meine Mutter denken und an die Boa constrictor.

PAPA IST MAL KURZ AM TELEFON

#*I put a spell on you* ANNIE LENNOX

9.35 Uhr: »›Lieber Bas, durch dein Buch fühle ich mich verstanden. Du sprichst uns aus der Seele. Abends kann ich es kaum erwarten, mich wieder mit deinen Gedanken auseinanderzusetzen. Mein Mann weiß von nichts. Wenn ich mich mit deinem Buch unter der Bettdecke verstecke. Dann fängt unsere Party an! Es ist, als ob wir uns kennen. Leider ohne realen Kontakt, aber wir sind seelenverwandt miteinander verbunden.‹ Solche Zuschriften, das ist es, was ich mir wünsche, Joost.«

Am anderen Ende der Leitung bleibt es still. Nicht ungewöhnlich, Joost, mein Verleger, ist nämlich ein geduldiger Mensch.

»Mein Schreibprozess ist ins Stocken geraten, der Flow ist weg. Joost, ich will die Leute zum Lachen, Weinen und Träumen bringen. Damit ich altmodische Liebesbriefe bekomme, Fanpost, so wie früher. Diese Standardliebesbriefe von Leserin an Autor, du weißt schon. Möglicherweise schrecke ich meine weibliche Anhängerschaft ab mit einem ironischen Buch über Männerleid und die unerträgliche Sexlosigkeit des Vaterdaseins. Sollte ich nicht eher einen Roman über eine unmögliche Liebe schreiben? Jane Austen 2.0 *meets* Groschenroman, ab und zu mit einem enthüllenden Einblick in die männliche Psyche? Oder klassische *horny* Sexgeschichten mit *kinky* Romantikeinschlag à la Frauenroman?«

Am anderen Ende noch immer Schweigen. Der Funke ist offensichtlich nicht übergesprungen.

»Ähm, klingt doch ganz gut, oder? Was meinst du, Joost?«

»Ja, das hört sich tatsächlich gut an. So ein Buch kann ohne weiteres eine Auflage von ein paar Millionen erreichen.«

»Genau, Joost, das dachte ich auch. Super, dass du mich gleich verstehst.«

»Klar. Und dann nennen wir es ›Fifty Shades of Grey‹. Aber das gibt es ja leider schon.«

Ohne sich zu verabschieden hat Joost aufgelegt.

ZEITUNG, LÄUSE UND SCHOKOCREME

#Il tempo se ne va   ADRIANO CELENTANO

Ich lese gerne Zeitung. Am liebsten morgens, am Küchentisch bei einer Tasse Kaffee. Oder, wie es sich gehört, am Tisch in meiner Stammkneipe. Ich überfliege die Nachrichten aus diesem oder jenem Land, und schon bin ich am Nachdenken. Sinnieren, grübeln, überdenken und dann alles mal kurz sacken lassen.

Der Italiener steckt die Tageszeitung gern zusammengefaltet ins Jackett, das sieht man häufig auf der Straße. Ob diese Zeitungen auch gelesen werden? Keine Ahnung, der Name »Corriere della Sera« guckt jedenfalls gerade noch raus. Im Hintergrund hört man einen italienischer Fernsehsender. Er raucht eine Muratti. So nach dem Motto »Ich widme mich der Zeitung, wann immer es gerade passt. Ob das nun vor oder nach dem ersten Doppio ist, spielt keine große Rolle. Keiner hetzt mich, und meinen ›Corriere‹ habe ich allzeit griffbereit.«

Der Italiener macht es richtig, alle Zeit der Welt und immer eine Zeitung dabei. Tja, so es ist bei mir leider nicht. Ich bin ein Kaaskop mit vier Kindern. Ich lese meine Zeitung früh morgens, um sechs Uhr dreißig, da kann mich keiner stören.

Der Alltag ist hart, sehr hart. Geradezu ein militärischer Drill. Sobald die Kinder wach sind, veranstalten sie im ganzen Haus eine Kakofonie unvorstellbaren Ausmaßes. Angefeuert von meiner ungeduldigen Stimme: »Kinder, los jetzt, Beeilung!« und begleitet von den umsichtigen Handlungen meiner Frau: Kleidung rauslegen, Brote schmieren, Obst schälen und Frühstücksdosen bestücken.

Fien hat keine Lust, ihr Brot zu essen, drückt es mit der Gabel klein, und Catoo will zwei Bananen auf einmal in den Mund stecken und zermatscht sie. Leentje hat keine Lust, überhaupt aus dem Bett zu kommen.

Ich tue so, als ob ich es nicht sehe, und verharre bewegungslos. Wie ein störrischer Stier, der sich weigert, seine Weide zu verlassen. Ohne dass es auffällt, erschleiche ich mir ein paar Minuten mit der Zeitung. Ich habe dazu eine eigene Strategie entwickelt.

Während meine Frau sich um »alles« kümmert, bereite ich den Kaffee zu. Womit könnte ich sie glücklicher machen als mit einem schönen, großen Latte macchiato? Einem perfekt geschichteten: Milch, Kaffee und obendrauf eine dicke Lage feinsten Schaumes. Tja, so ein Megakaffee braucht Zeit und verlangt die volle Aufmerksamkeit von ihrem persönlichen Barista. Meine Chance! Während des Kaffeemahlens überfliege ich aus dem Augenwinkel die Zeitung und fülle Milch in die vollautomatische Cappuccinomaschine.

Dann starre ich auf die Milch, die sich im durchsichtigen Behälter dreht, und meine Gedanken wandern in alle Richtungen. Die Milch dreht und dreht, und ich kann mich der Zeitung widmen. Während meine Frau in aller Seelenruhe Äpfel schält, drehen sich meine Gedanken im Kreis. Ich blicke wieder auf die Milch. Ich versuche, das Gedankenkarussell zu ordnen. Ich denke oft darüber nach, dass dies alles total sinnlos ist. Die Theorie, dass der Sinn des Lebens das Leben ist, wirkt auf mich irgendwie deprimierend. Nur weil ich lebe, hat das Leben auch einen Sinn? Inzwischen ist der Milchschaum fertig und der Kaffee auch.

»Bas, setz dich doch zu uns.«

»Ja, der Kaffee ist endlich fertig. Ich komme.«

»Darf ich die Schokocreme, Papa?«

»Erst was Gesundes, dann was Süßes, mein Spatz.«

Jeden Tag dieselben Fragen und Antworten.

»Möchte noch jemand ein Brot?«

»So, Kinder, hopphopp, wir müssen los zur Schule!«

Wenn ich gegen neun zurückkomme, erwartet mich ein prächtiges Stillleben: ein Küchentisch mit Tellern voller angebissener Toasts, braun gewordener Apfelstückchen und Kinderbecher mit kaltem Tee. Zum Glück auch die halb gelesene Zeitung voller Sinn und Unsinn.

Alles, was sich direkt nebenan abspielt, verstehe ich, aber das, was weiter weg passiert, bekommt in meinem Kopf unscharfe Konturen. Wahrscheinlich bin ich Isolationist. Natürlich wünsche ich mir, dass es allen Menschen gutgeht. Die Nachrichten über Hungersnöte, Überschwemmungen und Korruption aber machen mich mutlos.

Mein Bruder hat dazu folgende Idee: »Warum kann nicht jedes reiche Land ein armes Land adoptieren, so ähnlich wie mit den Kinderpatenschaften?« Das erscheint mir viel übersichtlicher, als viele Millionen in Projekte zu stecken, deren Sinn sich mir nicht erschließt. Ich sollte mich für dieses Stammtischgerede vermutlich schämen. Aber wie sehr ich mich auch anstrenge, es will mir nicht gelingen, diese Ansichten einfach beiseite zu schieben.

Ich blättere um und sehe mich mit ungefähr zwanzig Sportseiten konfrontiert. Die Notwendigkeit all dieser Sportnachrichten bleibt mir eine Rätsel. Ich überfliege seitenweise frisch gebackene Meister in diesem und jenem, Dopingkontrollen und Machotrainer. Schließlich lande ich bei der Wissenschaft.

»Fluorid lässt IQ bei Kindern um zehn Prozent sinken.«

Die Menge Fluorid, die man mit Zahncreme aufnimmt, ist überschaubar. Von meiner Tochter Fien mal abgesehen.

Die liebt Zahnpasta so als Art flüssiges Pfefferminzbonbon. In Amerika wird Fluorid dem Trinkwasser zugesetzt. Amerikaner bekommen also eine tägliche Dosis IQ-Minderung ... Ich verstehe den Erfolg von Donald Trump in den USA jetzt auch besser.

»Vaterschaft senkt den Testosteronspiegel.« Davon habe ich nichts gemerkt. Ich vermute, dass ich weniger Lust auf Sex habe, liegt eher an Schlaf- als an Testosteronmangel.

»Nutella einigt sich auf Vergleich mit getäuschten Müttern«, lese ich irgendwo in Fettbuchstaben. »Der Fabrikant der bekannten Schokocreme muss Schadensersatz in Höhe von drei Millionen Dollar zahlen. Nutella hatte amerikanische Mütter mit Werbung in die Irre geführt. Die Reklame suggerierte, dass die Schokoladencreme als Aufstrich auf Vollkornbrot in Kombination mit Orangensaft und einem Glas fettarmer Milch eine gute Grundlage für ein gesundes und nahrhaftes Frühstück darstellt.«

Tja, in Kombination ist fast alles »ein bisschen« gesund. Aber nun gleich von »Irreführung der Mütter« zu sprechen? Die sind doch wohl auch nicht blöd? Jeder, der seinen Verstand beisammen hat, weiß, dass man mehr Gemüse und Obst, weniger Fleisch und vor allem weniger Zucker und Fett essen soll. Aber auch Amerika steckt in der Krise, die »gut meinenden und besorgten« Mütter hofften sicherlich auf eine dicke Entschädigung. Leider hält das Leben für manche Menschen nichts als Enttäuschungen bereit. Nachdem nun herausgekommen war, dass Schokopasta nicht so supergesund ist, fiel auch noch das Gerichtsurteil ernüchternd aus. Maximal 20 Dollar pro Person. Insgesamt ein paar Millionen für den Produzenten, gerade genug jedoch, um die Weiterverbreitung dieser unsinnigen Behauptungen zu unterbinden.

Neuseeländische Wissenschaftler haben herausgefunden, dass Kinder ein erhöhtes Risiko für Übergewicht haben, wenn sie zu wenig Schlaf bekommen. Möglicherweise, weil sie so mehr Zeit zum Essen haben. Oder weil die Hormone, die Esslust stimulieren, durch Schlafmangel eine stärkere Wirkung entfalten. Es scheint jedenfalls bewiesen zu sein, dass Kinder, die zu wenig schlafen, schneller dick werden. Okidoki! Dann dürfte das doch bei Erwachsenen auch so sein?! Somit wäre nach vier Babys und Jahren ohne Schlaf meine heutige Figur wissenschaftlich erklärt.

Englische Wissenschaftler haben noch etwas anderes herausgefunden, nämlich, dass Mädchen immer jünger menstruieren, die Ursache hierfür ist vermutlich ebenfalls das Übergewicht. Mädchen aus den unteren Einkommensklassen essen in der Regel ungesünder und fetter als die in den höheren Klassen. Das Fett sorgt für eine früher beginnende Menstruation. Wie unser Gynäkologe bereits sagte: »Eier brauchen zum Wachsen Fett ...« Diese Theorie lässt sich also auch auf Mädchen im Alter von zwölf Jahren übertragen.

Die Wissenschaft widmet sich besonders gern auch kleinen Kindern. Der niederländische Kinderpsychologe Noor Wolff hat beispielsweise »entdeckt«, dass kleine Kinder, die geimpft werden sollen, von ihren Eltern dabei in der Regel nicht besonders gut unterstützt werden. Obwohl wir es so gut meinen, kriegen wir Eltern es einfach nicht hin. Das Aufmuntern nach der Impfung hat wenig Effekt, das Kind ist nach der Tortur untröstlich. Kindern vor der Impfung Trost zuzusprechen, ist auch keine gute Idee. Das wiederum kann nämlich zu Stress führen, bevor das Kind auch nur eine Spritze gesehen hat. Was wäre also richtig? Das Kind einlullen mit fröhlichen Ablenkungsmanövern: »Wow, Eefje, guck mal, so eine große Sporthalle, und so viele Kinder!« Bringt auch nichts. Dann kommt die Spritze wie ein Blitz aus heiterem Himmel: »Mama, was bist du nur für ein *Loser,* warum wusstest du das nicht vorher?«

Es gibt nur eine richtige Methode und die lautet Loben. Loben, Loben und noch mal Loben. Halleluja! »Das machst du ganz toll, du bist ein richtig großes Mädchen, super!« Lobe sie also dafür, dass sie früh ins Bett gehen, nicht zu fett essen und sowieso dafür, dass sie tapfer sind wie sonst niemand ... Es lebe die Wissenschaft, Erziehung ist noch nie so einfach gewesen wie heute!

Ich finde es übrigens verwunderlich, dass es eben dieser Wissenschaft bisher nicht gelungen ist, uns von Läusen zu befreien, so wie es sich für das einundzwanzigste Jahrhundert ziemen würde.

Pest, Polio und Keuchhusten haben wir einigermaßen unter Kontrolle, aber so ein unscheinbares, kleines Tier wie die Kopflaus taucht mit verlässlicher Regelmäßigkeit in ungefähr jeder niederländischen Schulklasse auf. Marke Streubombe. Meine Frau ist eine unerschrockene »Läuse-Mutter«. Will sagen, sie hat kein Problem damit, aus den Haaren wildfremder Kinder Läuse zu kämmen. Bei mir fängt es schon an zu jucken, wenn ich nur das Wort höre!

Die Garderoben aller niederländischen Schulen hängen seit ein paar Jahren voll mit den in unserem Land erfundenen »Läusesäcken«. Das scheint die Läuse allerdings nicht im Geringsten zu kratzen. Schon seit 2011 rät das Staatliche Institut für Gesundheit und Umwelt, ein Institut von immerhin einiger Autorität, vom Einsatz der Läusesäcke ab. Die Säcke bewirken nämlich nichts! Diese Erkenntnis scheint sich aber noch nicht durchgesetzt zu haben. In allen Fluren, an allen Garderoben hantieren Eltern mit ihren Sprösslingen an den Häkchen und Reißverschlüssen herum. Ich vermute einen

Komplott des Läusesackherstellerverbands, der mit Genuss Angst und Schrecken vor den Saug-Stechrüsseln dieses Ungeziefers verbreitet.

Mein Sohn Sem hat den am weitesten verbreiteten Namen seiner Generation. Bei diesem Namen aus der Top Ten der Hitliste der beliebten Jungennamen liegen wir oft verkehrt. Ich habe mehr als einmal an dem falschen Sack mit dem Namen Sem geprockelt, um hinterher mit einem Schauer über dem Rücken festzustellen, dass ich seine saubere Jacke in den Ungeziefersack eines anderen Kindes gestopft hatte. Sie fragen sich jetzt sicher: Ist denn ein anderes Kind ungepflegter als das eigene? Ja, genau. Die vollgemachten Windeln von meinen eigenen Kindern konnte ich aushalten, die vollen Windelhöschen ihrer Freunde, die zum Spielen kamen, habe ich lieber nicht angerührt.

Als ich dann mittags die Kinder von der Schule abhole und an den Reihen sinnloser Ungeziefersäcke vorbeikomme, sehe ich einen plastifizierten Aushang: »Achtung: Wieder Läuse an der Schule!« Ich radle nach Hause und verspüre ein fürchterliches Phantomjucken. Zu Hause schnell das MacBook anwerfen und googeln: Laus. Auf dem Display erscheinen die Dinge, die ich mir vorgestellt hatte: »Die Kopflaus hat ein krebsartiges Aussehen, mehrere miteinander verwachsene Saug- und Stechwerkzeuge, mit der sie die Haut des Wirtes anritzen ...«

Mir läuft ein kalter Schauder über den Rücken. Meine Frau sitzt mir gegenüber und hat keine Ahnung, dass sich in meinem Kopf gerade ein Aliens 2.0-Film abspielt. Also sage ich in möglichst neutralem Tonfall: »Du, Schatz, in der Schule suchen sie wieder Freiwillige zum Läusekämmen.«

PINGUINE SIND ECHT GEIL

#The boy is mine BRANDY & MONICA

Dienstagmorgen 11.35 Uhr, im Auto auf dem Weg zu einem Termin mit meinem Manager Robin höre ich einen Reklamejingle der Dating Site »Fremdgehen69«. Zielgruppe: Leute mit fester Beziehung, die nebenher mal was Neues ausprobieren möchten. Kurzum: schön daten, so wie früher, aber mit 'ner lieben Mutti daheim. Daten mit einer Bei-Nichtgefallen-Geld-zurück-Garantie. Einfach mal die Fühler ausfahren und checken, ob es einem zusagt. Ein Rückzieher ist immer noch drin.

Diese Datingfirma hat unter 1200 Mitgliedern eine kleine Meinungsumfrage gestartet, und was stellte sich heraus? Eine gruslige Stimme sagt es mir: »Den festen Partner zu betrügen beflügelt die Kreativität. Die größte Antriebskraft kommt dabei dem Ausprobieren geheimer Fantasien zu.« Ende des Jingles.

Deine eigenen geheimen Fantasien auszuleben, ist demzufolge einer der hauptsächlichsten Beweggründe, dich in ein erotisches Abenteuer zu stürzen. Selbstverständlich mit einer anderen Frau, mit der eigenen Frau wäre es ja nicht mehr geheim. Eine Fantasie ist nur dann geil, wenn du den hochhackigen Latexanzug-Fetisch mit einem Seitensprunghasen in einem ranzigen Businesshotel an der Autobahn teilst.

Das sollten sie in einer der nächsten Umfrage ergründen. »Wie lang dauert es, bis sich Fremdgehen zu normal anfühlt, um noch den Reiz des Geheimen zu haben?« Das erste *secret date* in dem Kampfanzug aus Latex ruft logischerweise einen Höchstgrad an Erregung hervor, den es beim zweiten Mal zu übertreffen gilt, aber schon beim dritten Treffen denkt man: »Mein Gott, wie öde, jetzt stehe ich hier schon wieder in diesem klebrigen Zeug.«

Ich komme in Robins Büro an, an der Rezeption sitzt Sonja. Wir kennen einander nicht wirklich, aber wir wissen ein paar Dinge voneinander. Sonja plappert über alles, was ihr so durch den Kopf geht.

Möglicherweise tut sie das, weil sie den restlichen Tag allein ist. Ich weiß es nicht. Hin und wieder frage ich mich, was sie tut, wenn sie nicht das Telefon annimmt oder den Türsummer betätigt. Besucht sie einen Yogakurs oder nimmt Lektionen in Chakra-Lesen? Was ich aber weiß:

Sie hat kein Glück in der Liebe. Jedenfalls glaube ich, ihr das anzusehen. Manchmal lächeln wir uns auf eine Weise an, die als Flirt durchgehen könnte. Mir kommt die Radiowerbung von Fremdgehen69 in den Sinn: »Weil Fremdgehen ganz normal ist.«

Ich schaue in Sonjas zärtliche Augen, als sie mich fragt: »Was guckst du, Bas? Was ist los?«

Mir ist bewusst, dass mein Gesicht im neutralen Zustand nicht ganz neutral rüberkommt. Um genau zu sein: Bin ich entspannt, wirke ich eher genervt. Nicht gerade die sympathischste aller möglichen Ausstrahlungen. Ich wünschte, es wäre anders, aber es ist nun mal so. Doch heute fragt Sonja geradeheraus.

»Äh, nein, Sonja, ich bin ziemlich gut drauf, nur meine Visage spielt nicht mit.«

»Ach so, dann ist gut. Könnte ja sein, dass du Stress hast und zu viel Spannung aufbaust. Zu viel Dampf auf dem Kessel, verstehst du? Dann musst du dich mal locker machen und die Spannung abbauen«, plaudert sie munter drauflos.

»Spannung abbauen?«, frage ich. Vielleicht hat sie neben

ihrem Job einen ganz anderen Kurs belegt, als ich dachte.

»Ja, das sagte mein Therapeut immer.« Das »sagte« klingt ein wenig entschuldigend.

»War dieser Seelenklempner weiblich oder männlich?«

»Weiblich.« Sie sieht mich freundlich an.

»Weißt du, Son, wenn es ein Mann wäre, dann hätte ich ›Spannung abbauen‹ doch als einen ziemlich plumpen Ratschlag empfunden.«

Sie guckt mich skeptisch an. »Das meinst du jetzt nicht ernst, oder? Dass du soooo denkst!«

»Tja, Sonja das kommt mir tatsächlich in den Sinn. Ich vermute sogar, dass neunzig Prozent aller Männer bei Spannung abbauen ›daran‹ denken.«

Dreißig Sekunden Schweigen in der neonlichtdurchfluteten Eingangshalle. Sie sitzt auf einem hohen, 1A-ergonomischen Bürostuhl, den Körper gegen die Tischkante gedrückt, und ich lehne mich über den Tresen. Plötzlich fällt mir auf, wie nah wir einander gekommen sind. Ich blicke auf ihre Lippen, ihre Haare und die schwarze Bluse, aber ich konzentriere mich sehr auf ihre Augen. Ich gebe mir die größte Mühe, ihr in die Augen zu sehen und ihren gastfreundlichen Busen, der so sittsam unter der glänzenden Bluse verborgen ist, total zu ignorieren.

»Ich verstehe euch Männer wirklich nicht!«, sagt sie schließlich.

»Ich schon!«, rutscht es mir raus. »Männer denken da ziemlich oft dran, eigentlich bei fast jeder Frau, der sie begegnen. Mag primitiv klingen, ist aber so. – Befürchte ich zumindest …«, schiebe ich, mich windend, nach.

Sonja verschlägt es die Sprache. Sie wirkt regelrecht schockiert. »Was seid ihr Männer doch für Schweine.« Das Telefon klingelt. »Empfang, guten Tag, wen möchten Sie sprechen?«

Ich höre hinter mir dieses typische Ping-Geräusch, der Fahrstuhl ist im Erdgeschoss angekommen. Ich hechte in die Kabine.

›Was seid ihr Männer doch für Schweine.‹ … Tja, wenn ich eine Frau wäre, würde ich das vielleicht auch denken. Hey, hört mal, uns Männern ist bewusst, dass das Unbewusste mitspielt. Nur ist es offensichtlich keine gute Idee, unser unbewusst Gedachtes Frauen mitzuteilen. Trotzdem ist es immer noch besser, an einen Mann statt an einen Pinguin zu geraten. Die meisten Pinguine sehen zwar viel, viel süßer und ungefährlicher aus als die meisten Männer, wollen aber alle unbewussten Gedanken sofort in die Tat umsetzen.

Der Antarktis-Forscher George Levick ging vor etwa hundert Jahren auf Südpol-Expedition und traute seinen Augen nicht, als er dort das Sexualverhalten der Pinguine beobachtete. Seine Aufzeichnungen ließ man für fast ein Jahrhundert verschwinden. Das konservative, prüde England war noch nicht bereit für die schonungslose Wahrheit über den Machismo des Pinguins.

Wir denken, Pinguine sind possierlich, witzig und tollpatschig. Forscher Levick jedoch erlebte in der Antarktis bei seinen Beobachtungen der lustigen, cartoonartigen Tierchen eine herbe Überraschung.

Pinguinmännchen werden unverzüglich sexuell aktiv, wenn sie einen Artgenossen erblicken und annehmen, dass es sich um ein paarungsbereites Weibchen handelt. Die meisten Männchen der Menschenwelt denken zwar auch so, werden jedoch nicht sofort sexuell aktiv.

Pinguinmännchen schon. Sieht irgendetwas auch nur ansatzweise wie ein Weibchen aus, gibt es kein Halten mehr. Der Pinguin ist, sagen wir mal, der Harvey-Bill-Cosby-Weinstein der Tierwelt. Von wegen lieb, witzig oder harmlos.

Männliche Pinguine frönen ihrer Lust zudem mit anderen Männchen, Küken, unwilligen Weibchen sowie verletzten oder halbtoten Artgenossen. Dagegen sind die meisten Männer harmlos, sie denken ja nur daran.

Und Gedanken kommen und gehen wie Wolken. Das kenne ich auch aus den Gesprächen in unserem bunten Freundeskreis. Erst reden wir über die Arbeit und die Kinder, dann, nach einem geselligen Essen oder Umtrunk, kommen wir wie von selbst auf andere Themen.

Letzte Woche Montag kamen David und Lotte spontan bei uns vorbei. Sie blieben zum Essen, und dabei wurde alles Mögliche besprochen, gefragt und aufgewärmt. Zunächst tranken wir ein Gläschen, das ging so weiter und bald waren wir bei der soundsovielten Flasche angelangt.

Der Abend wurde lang, schön und herrlich albern. Gegen zehn war alles ein einziges großes summendes Wirrwarr aus Wortfetzen, Alkohol, Lachen … und dann auf einmal ein Schlag ins Kontor. David stellte nämlich, traditionsgemäß, seine »drängende Frage«, ein Dilemma. Genau kann ich mich nicht mehr erinnern … Mein Kopf dröhnte vom Alkohol und von schlechten Witzen.

Am nächsten Morgen habe ich Kopfschmerzen, einen trockenen Mund, bin etwas wackelig auf den Beinen. Der Abend war einfach zu gesellig. Ich renne schnell zum Supermarkt und packe Säfte und Energy Drinks mit Koffein, Antioxidantien und anderem chemischen Aufputschzeug in meinen Einkaufswagen. Nicht dass es helfen würde. Eier mit Speck, Cola Light, Buttermilch und Paracetamol. In meinem Magen scheint ein merkwürdiges chemisches Experiment abzulaufen. Zum Glück habe ich heute frei und kann meinen Kater wie ein kleines, niedliches Haustier verwöhnen.

Hach, das war wieder ein schöner Abend. Ich lasse ihn

Revue passieren. Da war noch was, was war das bloß? Wie lautete das Dilemma, das David uns zu später Stunde präsentierte?

Ich grabe in meinem katergepeinigten Hirn.

Ach ja, er sagte: »Okay, ein unmoralisches Angebot ... für wie viel würdet ihr ›es‹ mit, äh, Richard Branson ... oder sagen wir ... John de Mol machen?«

Meine Frau nahm einen Schluck, sah ihn an und sagte: »Für Geld überhaupt nicht, ich bin nicht käuflich.«

»Gut, okay«, rief David und sah mich provozierend an: »Stell dir vor, Bas, wenn es sein müsste, für wie viel würdest du ›es‹ deine Frau mit Richard Branson machen lassen?«

Ich überlegte, schenkte mir Wein nach und sagte schließlich mannhaft: »Okay, vorausgesetzt es muss wirklich sein, dann, äh, ... würde ich ›es‹ für sie mit ihm machen, wenn nur sie ›es‹ nicht tun muss.«

»Hahaha, der ist gut«, jauchzte David. »Nun, John de Mol darf ›es‹ mit meiner Frau für ein paar Millionen ruhig machen, ich würde ihm sogar zehn Prozent Rabatt gewähren.«

Es wurde still, meine Frau schlug die Hand vor den Mund, und Lotte sah ihren Mann bestürzt an.

Ja, das hatte ich in dem ganzen Alkoholrausch fast vergessen ... Ich nehme noch einen Schluck Kaffee. Ich befürchte, David hat einen noch viel größeren Kater als ich ...

THE SILLY SEASON

#It's beginning to look a lot like Christmas
MICHAEL BUBLÉ

Es ist fast schon Weihnachten, ich bin in festlicher Stimmung und in Gedanken schon ganz darauf eingestellt. *The silly season*, so nennt ein Londoner Freund von mir den Monat Dezember. Zweifelsohne ist es die schönste, geruhsamste Zeit des ganzen Jahres. Die Weihnachts-CD von Michael Bublé läuft bei uns schon ab Anfang November. Die ideale Zeit, um tief ins Sofa zu sinken, vor dem Kaminfeuer oder unter einer Kuscheldecke, um in die richtige, melancholisch-romantische Stimmung zu kommen.

Ich muss meinen Sohn abholen, der Weihnachten bei uns verbringen soll. Ich beschließe, den Zug zu nehmen. Auf dem Bahnsteig ist es kalt. Das kleine Bahnhofsgebäude in unserem Dorf steht seit mehr als hundert Jahren, und so sieht es auch aus. Es hat etwas angenehm Zeitloses, hier halte ich mich gern auf, wenn ich der Hektik des Familienalltags entkommen bin. Und was könnte es Schöneres geben als eine Zugfahrt: eine Zeitblase von einer Stunde mit Zeitung und einem Notizbuch. Ich habe keine Eile, denn der Zug, der bringt mich sicher zum Ziel.

Ich sitze mit drei anderen Leuten, darunter eine Ingrid, in einem Abteil. Ingrid telefoniert die ganze Zeit, ziemlich laut. Ich kann es einfach nicht lassen und schiele verstohlen durch die Lücke zwischen zwei Sitzen, weil ich wissen will, wie die Dame aussieht, die da so ungeniert am Schnattern ist. Sie ist Mitte dreißig, blondiert, mit einem hemdhosenartigen Kostüm, um das ganze Drama gut zu bedecken.

»Ach, natürlich nicht. Weißt du, jemanden stigmatisieren geht gaaaaar nicht, aber sie hat es wiiiiirklich gesagt. Und ja, jetzt erwartet sie, dass wiiiir uns zurückhalten. Aber das kommt nicht in Frage!!! Wenn du mich fragst, sollten wir das in den Acht-Uhr-Nachrichten bringen.«

Tja, ich sitze keinen Meter von ihr entfernt und bin dazu verdonnert, diesem Hörspiel zu lauschen.

»Nun, die Sexsucht von Carla ist nichts Neues. Gerüchte gab es schon immer, aber sie hat es selbst gesagt. Und jetzt einen Rückzieher machen, mit ihrem ›das zahle ich dir heim‹. Wo kommen wir als Journalisten hin, wenn wir den Leuten nicht mehr vertrauen können, wenn sie *off the record* mit uns sprechen?«

Was heckt diese so integre Journalistin bloß aus? Der Zug hält in Haarlem, hier und da ist schon Weihnachtsbeleuchtung angebracht. Im Bahnhofskiosk hängt ein Sinterklaas aus Plastik und winkt mit dem Arm, an der Rauchersäule stehen zwei Studenten und haben Weihnachtsmannmützen auf. Der Zug setzt sich wieder in Bewegung, und Ingrid fährt fort mit ihrem Geschwätz.

»Okay, okay, das werde ich alles berücksichtigen, es ist eine gute Story und die lasse ich mir nicht einfach wegnehmen, weil plötzlich jemand merkt, dass es nicht der schlauste Schachzug war, mir alles über ihre Sexsucht zu erzählen.«

Ich komme aus dem Staunen über diesen Mangel an Diskretion nicht mehr raus, und dann schließt sie auch noch mit: »Du, ich bin fast da, wir sehen uns in der Redaktion, aber du kannst mir auch einfach mailen an ingrid@hetnieuws.nl.«

Sprachlos steige ich aus. Ich rieche, dass irgendjemand ein Kaminfeuer angemacht hat. Derjenige begreift die *Silly season* immerhin, im Gegensatz zu Ingrid.

Dann sehe ich Sem. Er sitzt mit seinem Gepäck auf dem Bahnsteig und hört Musik aus Kopfhörern. Ich will ihn nicht belästigen mit meinen sentimentalen Gedanken, drücke ihn aber länger als sonst an mich. Es ist eben die Zeit, in der man Nähe, Gefühle und Zusammensein spüren will.

Vielleicht kommt das vom Älterwerden, vom Kinderkriegen oder durch was weiß ich, aber wenn es nach mir ginge, dürfte jeden Tag Weihnachten sein.

Dieses Jahr ist unsere Familie seit langem mal wieder unterm Weihnachtsbaum vereint. In den letzten Jahren musste ich fast immer arbeiten. Aber dieses Mal sind wir zusammen, mit allen Kindern und allen Menschen, die uns wichtig sind, an einem langen Tisch vor dem offenen Kamin. Aller Wahrscheinlichkeit nach ohne Schnee, aber mit guten Gesprächen und unvergesslichen Momenten.

Ob Sinterklaas oder Weihnachten, egal, es verströmt all das, was ich liebe. Familie, Besinnlichkeit, Essen, Trinken, Traditionen, honigsüße Musik, Kerzenschein und Kaminfeuer. Dieses Gefühl von Verbundenheit. Zusammensein mit allen Menschen, die dir wichtig sind, in einem romantischen Holzhäuschen, überzuckerte Landschaft, abends auf dem Weg zu Mitternachtsmette knirscht der Schnee unter den Stiefeln und dann gehen wir beieinander eingehakt durch die Nacht nach Hause.

Ich freue mich auch auf die stille Zeit zwischen Weihnachten und Neujahr. Und die dunklen, ersten Tage des neuen Jahres fühlen sich herrlich an. So, als ob die Millionen Knalle und bunten Explosionen des Feuerwerks noch ein wenig nachhallen … Kawumm … Und dann die ohrenbetäubende Stille in einem schier endlosem Universum. Der perfekte Moment für alles, was man will in dieser Zeit der guten Gedanken und Gespräche. Das alles geht mir durch den Kopf.

Unser Zug kommt, Sem und ich steigen ein.

»Du, Sem, nimm mal die Dinger aus den Ohren!«

Er guckt mich irritiert an, trotzdem macht er es. Der Zug ist kaum losgefahren, da sprudeln all meine schönen Weihnachtsgedanken aus mir heraus. Ich erzähle ihm alles, und er sagt nichts. Wenn wir uns eine Woche lang nicht gesehen haben, dauert es meist eine Weile, ehe die Stimmung auf einer Wellenlänge ankommt. Diese Zeit muss ich ihm geben.

Wir gucken beide nach draußen. Sem packt sein Nutellabrot aus und kaut schweigsam vor sich hin.

Der Zug hat Halfweg passiert. Mein Sohn guckt mich an. Und plötzlich, völlig aus dem Nichts, sagt er: »Papa, ich weiß, was ich später werden will ...«

»Wirklich?«, sage ich und muss an seine vorherigen Traumberufe denken ... Michael Jackson, Marinesoldat und DJ.

»Papa, ich will Wissenschaftler werden.«

»Na, das ist aber schön«, sage ich überrascht und mit Stolz in der Stimme.

»Ja, ich will erforschen, ob Kacke brauner wird, wenn man ganz viel Schokocreme isst.« Gutgelaunt beißt er in sein Brot und sieht mich dabei triumphierend an. Der Zug ist angekommen und Weihnachten hat angefangen.

ALTER KNACKER

#The country life PETER CINCOTTI

Es ist Anfang April und Frühling liegt in der Luft, man kann es riechen.

»Das Leben ist ein Lehrstück in Sachen Loslassen«, rufe ich.

»Ja, genau, nur jetzt fahre ich gerade Fahrrad.«

Sonntagmittag, meine Frau und ich radeln mit der Kinderschar durch die Dünen. Die älteren Kinder radeln vorweg und Catoo, die Kleinste, strampelt an meiner Seite.

»Nieder«-lande: Der Name sagt es, das Land liegt unten, um genau zu sein, zu einem großen Teil unter dem Meeresspiegel. Kurz und gut, »unten« sind keine Berge, also prima zum Radeln geeignet. Und weil es unten ist, fließt das Wasser aus Europa hierher. Überall ist Wasser, daher hat jedes niederländische Kind sein Freischwimmerzeugnis.

Meine Hand liegt auf Catoos Schulter, wenn ein Hügel kommt, schiebe ich sie hinauf, stärke ihr auf gut urholländische Art den Rücken, buchstäblich und sinnbildlich – der kleine Schubs in die richtige Richtung, wie man so sagt.

Wenn wir den Hügel hinabsausen, lasse ich mir den Fahrtwind um die Nase wehen. Unsere jüngste Tochter ist jetzt vier, das Familienleben nimmt Gestalt an in einer Weise, wie ich es mir früher vorgestellt hatte. Die Kinder ziehen sich selbst an, putzen sich die Zähne, gehen allein aufs Klo – und radeln auf dem Kinderfahrrad ein Stück voraus.

Als wir mit dem Kinderkriegen gerade erst anfingen, plagte mich dauernd eine sentimentale Sehnsucht nach der Zeit, in der Ausschlafen, spontane Ferien und unbeschwerte Egotrips die Regel waren. Zum Glück sehen die Kinder inzwischen wie echte Menschen aus, nur eben in Zwergenformat, sie sind klein, aber selbstständig und superwitzig. Die Bugaboo-Kinderfahrradsitz-Windeleimer-Mütterberatungsstelle-Penatencreme-Hölle ist vorbei. Die Wochenenden im Garten verbringen, die Kinder zu ihren Sportvereinen und Turnieren kutschieren, hin und wieder einen geselligen Grillabend veranstalten – so wie damals, als ich klein war.

Mein Leben in der Retrospektive: Vater, Mutter, drei Söhne. Eine Familie. Schönes Haus, netter Garten mit ein paar hohen Fichten, in denen man prima klettern konnte. Ob es wirklich so sorglos war? Keine Ahnung, das Erinnerungsvermögen ist biegsam und die Vergangenheit auch.

Zeit hat keinen Nullpunkt, die eigene Wahrheit unterliegt der Wahrnehmung des einen Moments, unser Gedächtnis kennt keine absolute Wahrheit. Nicht alles ist so verschwommen; das Bild, das ich von den Fichten habe, stimmt nämlich ganz genau. Sie stehen dort noch immer, genauso wie in meiner Erinnerung. Häuser werden umgebaut, Erinnerungen eingefärbt, aber ein Baum bleibt ein Baum.

Mittlerweile radeln wir alle hintereinander durch eine prächtige Buchenallee, am Ende liegt ein majestätisches Herrenhaus. Das Landgut könnte ohne weiteres zentraler Bestandteil eines magisch-realistischen Gemäldes des niederländischen Malers Carel Willink sein, vielleicht ist es das sogar.

»Stoooop«, rufe ich der Spitzengruppe zu.

Das beindruckende klassizistische Gebäude liegt auf einem Hügel, eingerahmt von geschwungenen Wegen, einem Gartenhaus, einer Orangerie und kerzengeraden Baumreihen. Vor dem Haus, am Rande eines Gewässers, steht eine solitäre Buche. Obwohl es mitten im Sommer ist, trägt sie kaum Blätter.

»Kinder, wartet mal, ich will was nachgucken.«

Das iPhone in der Hand lese ich vor: »Die Buche auf dem Landgut Elswout in Overveen wurde 1834 anlässlich der Geburt von Willem Borski III., dem Sohn des damaligen Besitzers, gepflanzt. – Der Baum ist fast zweihundert Jahre alt.«

»Der Baum hat ja gar keine Blätter«, sagt Fien.

»Er ist aber sehr schön«, meint Leentje. Gemeinsam betrachten wir die riesige Erscheinung, die offensichtlich todkrank ist, und jeder denkt sich seinen Teil.

»Okay, rechts um und Marsch«, treibt uns Frau Ragas an.

Ich sehe mich noch einmal um und versuche mir die Situation Anfang des neunzehnten Jahrhunderts vorzustellen. Eine junge Familie, die zusammen mit einem Gärtner eine kleine Buche pflanzt. Mir kommt das Sprichwort in den Sinn: *Boompje groot, plantertje dood.*

Wir steigen wieder auf, und weiter geht's.

Ich radele. Mann, Frau und vier Kinder, fast wie früher, als ich selbst klein war und meine Eltern mit mir und meinen Brüdern zum Strandaufgang Langevelderslag bei Noordwijk radelten. Das Wetter ist so mild, dass man es eigentlich nicht Wetter nennen kann, wie ein federleichter Schal aus Kaschmir, du fühlst ihn kaum, aber er hält dich trotzdem herrlich warm.

Tooske lässt sich zurückfallen, bis sie neben mir fährt.

»Was hast du vorhin gesagt?«

»Äh, was? Das mit dem Baum?«

»Nein, das über das Leben.«

»Ach so, das. Nun, äh, das Leben ist ein Lehrstück in Sachen Loslassen.«

»Ja, ja, geistreicher Einzeiler, Bassie, selbst erfunden?«

»Ja, wieso?«, höre ich mich selbst schwindeln.

Meine Frau geht nicht auf meine Bemerkung ein und sagt:

»Du solltest in der Tat nicht so viel zurückblicken. Du musst loslassen und vorwärts, los, hopp, auf den Weg.«

Meine Frau Ragas tritt kräftig in die Pedale und fährt mir davon.

Manchmal kommt es mir so vor, als ob ununterbrochen eine Kameradrohne über mir fliegt, mit der ich mich selbst beobachte. Und dann sehe ich, wie oft ich mit meinem iPhone beschäftigt bin. Ich bin auf Twitter, Instagram und Facebook, um mich darüber zu informieren, womit sich meine Freunde, Bekannten und Kollegen befassen, nur verabrede ich mich mit den meisten viel zu selten, um wirklich an ihrem Leben teilzunehmen. Ich will vor allem bei den anderen gucken.

Ab und zu kann ich der Versuchung dann doch nicht widerstehen, ein »Wir-sind-die-ideale-Familie-Foto« zu posten. Ich beherrsche mich, weil wir keinen Hund haben. Eine echte Facebook-Familie hat einen Hund, einen schokoladenbraunen Labradoodle. Ich hätte selbst lieber einen Irischen Wolfshund oder einen Beagle, nur leider ist es unerheblich, was ich gerne hätte, denn Frau Ragas möchte überhaupt keinen Hund.

Vielleicht ist das der richtige Moment, das Thema mal wieder anzuschneiden. Zusammen mit Catoo lege ich einen Zahn zu, um meine Frau einzuholen.

»Toos, wäre ein Hund nicht doch eine tolle Sache?«, sage ich etwas kurzatmig.

»Mein lieber Schatz, ich habe schon vier Kinder und einen Mann, ich brauche wirklich keinen Bello, für den ich dann auch noch sorgen muss.«

»Aber deine Familie hatte doch früher einen Hund. Und meine auch. Ein Hund gehört dazu. Unsere Nachbarn hatten sechs Bobtails, das Haar war so lang, davon konnte man Pullover stricken.«

»Ja, genau.«

»Ja, und das haben die sogar gemacht. Frag mal nach Frau Van den Berg aus Lisse, der besten Bobtail-Pullover-Strickerin der Bollenstreek. Davon abgesehen ist es auch toll für die Kinder.«

»Nun, wenn es dir darum geht, dann kannst du beispielsweise jeden Tag mit Catoo puzzeln, das findet sie auch große Klasse.«

Ich sehe zu Catoo runter. »Wollen wir heute Nachmittag puzzeln?«

Meine Jüngste sieht mich erschrocken an. Das hat sie noch nie von mir gehört.

Na gut, fangen wir zunächst mit Puzzeln an, in einem halben Jahr nehme ich erneut Anlauf. Und jetzt sowieso erst mal kräftig in die Pedale treten.

Es gibt nichts Schöneres, als kleine Kinder auf ihrem ersten Fahrrad sitzen zu sehen. Die Erkenntnis, dass sie alt genug sind, um sich mittels selbstständigen Tretens und Lenkens fortbewegen zu können, hat etwas Magisches.

»Kinder, wartet mal eben, nicht über die Straße«, rufe ich Sem und Leentje zu, die an der Spitze unserer Radelgruppe gerade die Straße überqueren wollen.

Das Fahrrad ist eine der besten Erfindungen überhaupt. Eigentlich ist es egal, wie alt dein Rad ist. Wenn es ein einigermaßen stabiles Exemplar ist, hält es für den Rest deines Leben. Meine Frau beispielsweise fährt immer noch mit dem Omafahrrad rum, das sie mit siebzehn bekam. Damals war das richtig cool, so ein Omafahrrad.

Meine Frau ist zwar noch keine Oma, sie fährt aber sehr wohl schon fünfundzwanzig Jahre auf dem alten Ding durch die Gegend, und das läuft wie geölt. Hinten ein Kindersitz, vorne eine schwarze Transportkiste und Gott sei Dank keine

Fahrradtaschen. Wenn es dazu kommen sollte, finde ich, dass Tooske und ich uns zur Strafe auch zwei unisex graublaue Regenjacken und dazu passende multifunktionale Bergschuhe anschaffen müssen. Und einen Hund, noch besser zwei …

Seit Catoo selber Fahrrad fahren kann, steht unser Lastenfahrrad verwaist in der Ecke. Manches behandelt man mit Liebe, anderes vergisst man eben.

Ich selbst habe ein robustes schwarzes Herrenfahrrad, ein Modell aus der Mitte des letzten Jahrhunderts. Das Fahrrad stammt aus einer Welt, die schon lange versunken, aber noch in deinem Herzen ist. So als ob die Zeit von damals parallel zur eigenen weiterläuft.

Wie auch immer, mein Fahrrad wurde in den fünfziger Jahren des zwanzigsten Jahrhunderts exklusiv für die Amsterdamer Polizei hergestellt. Die Fabrik gibt es schon lang nicht mehr, mein Fahrrad aber schon. Es begleitet mich nun gut zwanzig Jahre. Es ist ein schweres, unfassbar schweres Ding und kommt kaum von der Stelle, aber es ist unglaublich schön, ein Ur-Transportrad.

Meine Kinder und meine Frau radeln inzwischen ein ganzes Stück vor mir. »Achtung, zur Seite«, höre ich hinter mir jemanden rufen. Eine Karawane strampelnder, wohlbeleibter Vierzigjähriger nähert sich. Alle ausnahmslos in eng anliegende, glänzende Lycra-Anzüge gepresst, auf schmalen Rennrädern. Wie eine Presswurst auf dem Seil.

»Fien, pass auf, geh nach rechts.« Meine Sechsjährige schlenkert auf ihrem kleinen rosa Fahrrad hin und her. Das Midlife-Peloton zischt haarscharf an ihr vorbei.

Früher war die Anschaffung eines Motorrades Zeichen einer Midlifecrisis. So tun, als ob man noch jung sei. Neuerdings kauft man kein Motorrad mehr, wenn man die vierzig erreicht hat, das ist was für alte Knacker. Nee, wir sind jung und sportlich, also legen wir uns ein Rennrad zu. Inklusive des semiprofessionellen Radsportanzugs mit Sponsornamen, fast wie ein Radprofi. Und das Ganze, obwohl dir natürlich klar ist, dass es ausgesprochen albern wirkt, wenn du mit deinen vierzig Jahren so tust, als ob du Lance Armstrong heißt.

Als ich acht war, wollte ich ein richtiger Motocrosser sein und bepflasterte mein Crossfahrrad mit Aufklebern. Es sah fast echt aus. Als Kind willst du am liebsten älter sein, als du bist. Du willst solche Klamotten wie dein älterer Bruder, und die Stützräder sollen so schnell wie möglich ab, du bist doch kein Baby mehr! Älter sein zu wollen, erscheint noch logisch. Du willst schließlich vorankommen, oder nicht? Wenn ich zur vierjährigen Catoo sage, dass sie ein Baby ist, dann ist aber was los.

Wer will die Zeit zurückdrehen und vor allem: warum? Ab welchem Moment im Leben will man jünger sein, als man ist? Wann kommt das Gefühl auf, dass das Leben, das hinter einem liegt, erstrebenswerter ist als das, was vor einem liegt? Wann entsteht dieser Umschlag, dieser Wendepunkt, der einem weismacht, die Vergangenheit sei attraktiver als die Zukunft?

Meiner Meinung nach bist du dann wirklich alt, wenn du nicht mehr vorwärts, sondern zurück in der Zeit willst.

Wir nähern uns einem Ausflugslokal. Eine urige Kneipe mit vollem Biergarten. Die moppelige Rennradbrigade steht unter dem roten Vordach und kippt ein Bier. Sieh an, das wiederum kann ich nachvollziehen. Ich will auch stoppen für eine Tulpe, traue mich aber nicht, das meiner Frau vorzuschlagen. Wir sind erst seit einer knappen halben Stunde unterwegs. Andererseits ... es ist ziemlich warm, oder?

Also rufe ich: »Kinder, wer will ein Eis?« Das funktioniert immer.

»Jaahahaa«, rufen meine Kinder im Chor.

Meine Frau starrt mich an, ich ziehe die Augenbrauen hoch und gucke treudoof. Ein paar Minuten später schlecken alle Kinder an tropfenden, klebrigen Flutschfingern, meine Frau trinkt, überrumpelt von der überraschend anberaumten Pause, einen Cappuccino, und ich, was für eine Überraschung, trinke ein Bier.

»Männer, auf geht's …« Das Peloton schwingt sich wieder auf die schmalen Rennradsattel.

Sonntagmittag, die Sonne scheint und ich fühle mich rundum wohl. Meiner Familie geht es offensichtlich auch so. Ist jetzt der richtige Moment für so ein »Hallo-liebe-Facebook-Freunde-guckt-mal-wie-super-entspannt-übersportlich-beliebt-und-erfolgreich-wir-sind-Selfie«? Auch ohne Hund.

Richard, ein Freund von uns, nennt diese Fotos einen visuellen Hilferuf aus Todesangst. Er weiß, wovon er spricht, er ist schließlich Psychiater. »Indem du dein Leben dokumentierst, kannst du dir sicher sein, dass es nicht unbeachtet bleibt«, lautet seine feste Überzeugung. »Man kann es mit dem Schrei von Edvard Munch vergleichen.«

Gut, dann schreie ich eben.

Heute ist der große Tag.

»Kinder, stellt euch mal nebeneinander.«

DES EINEN LEID ...

#U can't touch this MC HAMMER

Wenn ich den *#metoo*-Geschichten Glauben schenken darf, wurde in meiner Branche in der Vergangenheit ganz schön rumgemacht. Jeder Castingdirektor und jeder Regisseur hatte es auf junge, ehrgeizige Künstler abgesehen. Mir ist so etwas nie passiert, vermutlich war ich nie am falschen Ort zur falschen Zeit. Oder war ich nicht attraktiv genug?

Als Kind wurde ich übrigens ständig zu jeder passenden und unpassenden Gelegenheit geküsst. Von meinen Onkels und Tanten wohlgemerkt. Ich hätte liebend gern darauf verzichtet. Onkel und Tanten, die jedem Kind drei nasse, schmatzende Küsse geben wollen. Drei, jawohl, so will es der niederländische Brauch. Nein, nicht mit Zunge und Speichelaustausch, halt so ein Senioren-Schmatz. Und am liebsten in dem Moment, wenn sie gerade eine Gabel voll Sahnetorte oder einen Zug von ihrer Belinda-Zigarette genommen hatten.

Meine Mutter hat acht Geschwister, mit Anhang, und alle wollten küssen. Dreimal. Achtundvierzigmal draufgeklatschte Sahnetorte mit Speichel auf deiner Wange!

Ich entwickelte eine persönliche Begrüßungsmethode, um die Klebvorfälle und den Speichelschaden weitestgehend zu begrenzen. Mit einer ausholenden Armbewegung ein fröhliches »Hallihallo, alle gesund und munter, ihr lieben Alten« in die Runde schmettern und dann ab durch die Mitte.

Als ich heiratete, bekam ich die Familie meiner Frau gratis dazu. Da wird natürlich erwartet, dass man sich gutgelaunt am

Küsschenausteilen und -einstecken beteiligt. Alle der Reihe nach, die ganze Gesellschaft.

Von Tante Coby bis zur schmuddligen Nachbarin zwei Türen weiter, es wird geküsst, basta. Tante Coby küsst besonders gern. Ab und zu gelingt es mir, mit meinem »Hallihallo, alle gesund und munter?« davonzukommen, aber meistens muss ich dran glauben. Ich bemühe mich dann, so in die Luft zu küssen, dass sich unsere Wangen nicht berühren. Coby machte auch noch einen erkälteten Eindruck, also ruckzuck küssen und nichts wie weg.

Letzte Woche bekamen wir einen Anruf. Um Tante Coby stand es schlecht, sie lag im Krankenhaus.

»Coby möchte euch bevor sie stirbt so gern noch einmal sehen …«

»Vielleicht möchte sie ihr Erbe verteilen. Aber nur, wenn sie mich küssen darf«, sagte ich. Meine Frau reagierte nicht darauf.

Tja, und so stehen wir in der windigen Polderlandschaft vor dem Krankenhaus. Auf der gegenüberliegenden Seite der Straße liegen riesige Abwasserrohre aus Beton und Sandberge mit Bauzäunen drumherum.

»Okay, Schatz, *let's go* …«, sage ich zu meiner Frau, und wir betreten die Eingangshalle des Hospizes.

»Oh, wie nett, Sie kommen bestimmt für Frau Hoekstra?« An einem letzten Besuch bei einer Sterbenden ist meiner Meinung nach nichts »nett« und für Coby erst recht nicht. Die letzten Stunden möchte man doch mit jemandem verbringen, der einem nahe steht, den man sehr liebt?

Es fühlt sich an, als ob ich zum Zahnarzt muss und zwar für eine komplette Gebisssanierung ohne Betäubung … Wir steigen in den Fahrstuhl.

Das Zimmer von Coby ist ziemlich hell, und sie hat eine fantastische Aussicht auf das voranschreitende Baugeschehen. Hier entsteht Zukunft, nur nicht mehr für Coby. Ich gebe ihr einen Kuss. Den ersten seit Jahren, wird mir schlagartig klar. Ihre Wange ist viel weicher, als ich dachte. Stolz zeigt sie uns ihr neues lilafarbenes Nachthemd, das sie tragen möchte, wenn es so weit ist. Nein, sie hat es noch nicht angehabt, denn es soll dann ungetragen sein. Ich sehe ihr in die Augen und fühle mich auf einmal total mickrig. Ich habe zu viele schlechte Witze darüber gemacht.

Nach einer halben Stunde gehen wir wieder, ich drehe mich in der Tür noch einmal um. Sie ist schon eingeschlafen, die Hände liegen gefaltet auf ihrem Schoß.

An einem Dienstag wurde sie begraben, in ihrem lilafarbenen Nachthemd.

Ich bin nicht gern im Hospital. Eine Brutstätte von Viren und Bakterien, denke ich bei jedem Atemzug. Es wäre übertrieben, mich als Hypochonder zu bezeichnen. Aber ich bin ein Mann, das sagt doch alles. Logischerweise bin ich also am Tag nach dem Krankenhausbesuch krank, Grippe.

Und wenn ein Mann Grippe hat, dann ist er richtig krank. Todkrank … Nun, so steht es also um mich. Ich bin zu nichts mehr zu gebrauchen. Ich bin, altholländisch gesagt, kaputt. Am Samstagnachmittag hänge ich total in den Seilen und muss zum Glück nicht arbeiten.

Das Schöne am Fieber ist, dass man in einer Scheinwelt zwischen Himmel und Erde schwebt. Ohne Zutun auch nur einer Partypille. In meinem Bauch scheint sich ein verfressener Hamster an meinen Eingeweiden gütlich zu tun, mein Kopf klemmt in einer verdammten Schraubzwinge, die immerzu noch fester angezogen wird, und ich schwitze wie ein

Affe. Mal komme ich mir wie schockgefrostet vor, mal wird mir so heiß, als säße ich mit einer vollbusigen Olga in einem schwedischen Hot Tub.

Ich habe es schwer, sehr schwer.

»Papa ist todsterbenskrank, aber er wird sich aus eigener Kraft durchkämpfen, Kinder, das macht er für euch.«

»Nein, bitte, bloß keine Umstände. Aber ein Tablett mit einer Tasse lauwarmem Tee, einem Toast mit selbstgemachter Marmelade und die Wochenendausgabe, das wäre schön.«

Doch es tut sich nichts. Während die Zeit vergeht, dämmere ich langsam weg. Auf einmal schrecke ich hoch, es ist inzwischen 2.25 Uhr, nachts. Ich höre Gepolter im Flur, dann sehe ich Fien splitternackt auf dem Klo sitzen. Der Kinderpyjama liegt auf dem Boden, sie sieht mich schelmisch an. »Lapu«, sagt sie zu mir. Ich bin noch ziemlich wacklig auf den Beinen, also hocke ich mich zu ihr und sehe sie an. »Lapu«, höre ich sie wieder sagen, diesmal eindringlicher.

»Schätzchen, Papa geht es nicht so gut, ich verstehe dich nicht. Was bedeutet Lapu?«

Sie runzelt die Stirn, zieht ihr Höschen an und sagt: »Lapu ist ein Zauberwort, das dich gesund macht.«

Als ich am nächsten Morgen wach werde, geht es mir noch immer total dreckig, nichtsdestotrotz ermanne ich mich und raffe mich auf. Schließlich muss sich ein Mann auch manchmal verfrauen können.

WER IST DER BOSS?

#Whatta man - SALT 'N' PEPA

Ich sitze am Küchentisch und versuche mich zu konzentrieren. Meine Frau hat heute einen Drehtag beim Fernsehen, eine Praktikantin hat sie um viertel nach sechs abgeholt. *So much for show business.*

Montag, also ein normaler Werktag. Meine drei Töchter sind zu Hause. Die Lehrer haben einen Studientag. Mein Lehrer hatte so etwas nie, der wollte lieber, dass wir studieren.

Kein Problem. Zumindest wenn die Babysitterin nicht anruft, um abzusagen. Das hat sie auch nicht, die Nachricht kam über WhatsApp. »Hey Bas, ich sag lieber gleich Bescheid, hab einen Magendarminfekt, Übergeben, Durchfall, das volle Programm. Ich kann morgen unmöglich kommen. Megasorry und viele Küsse für die Kleinen.« Irgendwie stieg mir ungewollt ein säuerlicher Geruch in die Nase.

Ich sehe von meinem Laptop auf, der Küchentisch ist nicht nur Schreibtisch, sondern auch Bastel- und Verhandlungstisch. Die Mädchen ziehen gerade durch »Wer ist hier der Boss oder wie wird man es?« Die Donald Trump-Strategie funktioniert, Schreien wirkt Wunder. Heulen hat auch manchmal Effekt. Ich sehne mich nach Ruhe.

Ich möchte ein Arbeitszimmer mit einem Rauchersessel, am besten in so einer Schreibhütte, hinten im Garten, wie Roald Dahl sie hatte. Jeder Schriftsteller braucht ein *hideaway*, das gehört doch zu einem perfekten Künstlerdasein dazu. Und außerdem eine verlässliche Frau, die den Haushalt schmeißt, oder? Sodass er nicht wie ich an einem chaotischen Küchentisch arbeiten muss.

Wenn ich ehrlich bin, würde ich am liebsten an der Spitze einer traditionellen Familie stehen. Das muss angenehm und übersichtlich sein.

Für mich. Während Papa an seiner Karriere arbeitet und deswegen viel reisen muss, bleiben Frau und Kinder sicher, gesellig und geborgen daheim.

Es ist allerdings nicht so, dass ich nicht bei meiner Familie sein möchte, sondern ich leide schon mein ganzes Leben unter Fernweh. Übrigens, das Wort »Fernweh« existiert im Niederländischen nicht. »Heimwee«, das haben wir. Die niederländischen Übersetzer haben jedoch vergessen, auch Fernweh in unsere Sprache zu übertragen. Vermutlich, weil der Niederländer sich schon nach zehn Minuten außerhalb seiner Landesgrenzen befindet; für den Niederländer ist »fern« sehr schnell erreicht. Gleichzeitig muss zu Hause alles ordentlich geregelt sein, reibungslos verlaufen. Die heile Welt.

Mittags, nach Schulschluss, erwartet Mama die Kinder mit Biskuits und einer Kanne Pickwick-Tee. Danach bastelt und malt die Gouvernante mit den lieben Kleinen, damit Mama etwas Zeit hat, um im Rosengarten zu arbeiten oder um die Gästeliste für die kleine Soiree am kommenden Wochenende zusammenzustellen. Niemand, der von Papa verlangt oder erwartet, dass er einen halben Tag freinimmt, die Kinder von der Schule abholt oder sich um die Organisation des Schulmusicals kümmert. Geht ja auch gar nicht, schließlich ist Papa mit Reisen und Arbeiten befasst. Die Kinder vermissen seinen Beitrag zum Familienleben auch gar nicht, denn sie kennen keine Väter, die solche Sachen machen. Gegen sechs kommt Papa von der Arbeit, dann steht das gemeinsame Abendessen auf dem Tisch: ein K-F-G-Mahl, Kartoffeln, Fleisch und Gemüse.

Große gelbe Kartoffeln, die man mit der Gabel zerdrücken kann, mit vollfetter Soße, riesige Frikadellen (für Papa zwei) mit Zwiebelstücken und Blumenkohl unter dicker Käsesoße. Nach dem Essen geht die Gouvernante mit den Kindern ins Obergeschoss. Mama und Papa können jetzt Erwachsenengespräche führen und eine Tasse Kaffee trinken. »Sie können den Kindern gute Nacht sagen. Dann gehe ich jetzt. Bis morgen«, ruft die Gouvernante aus der Küche, wo sie noch die letzte Wäsche in die Maschine steckt.

Papa liest noch vor, »Peter Pan« oder eine Geschichte von Astrid Lindgren. Ein fester Tagesablauf und Struktur tun Kindern gut: Regeln, Klarheit, Ordnung. Das weiß jedes Kind.

Papa und Mama setzen sich in gemütliche Sessel vor den offenen Kamin. In der Wohnzimmerecke summt ein Aquarium mit subtropischen Fischen, Neonsalmler und Black Mollys. Ein angenehmer Abend, mit einem schönen Glas Rotwein, dazu eine Käseplatte und eine Panatela-Zigarre der Firma Van der Donk aus Culemborg. Das Feuer knistert, Buchseiten werden umgeblättert und ein gutes Gespräch nimmt seinen Lauf. Gegen zehn begeben sich die Eltern ins Schlafzimmer. Die Frau trägt ein Negligé aus Seide, der Mann einen gestreiften Pyjama. Sie teilen das Bett, wie Eheleute dies seit tausenden von Jahren tun, drehen sich behutsam auf die Seite: »Schlaf gut, Liebling.«

Schade, schade, aber meine Realität ist eine absurde Variante dieses Ideals. Wir, meine Frau und ich, arbeiten beide, so ist bei uns ein ständiges Kommen und Gehen: wir selber, unsere Eltern und Schwiegereltern sowie in aller Eile organisierte Babysitter. Manchmal bin ich für eine Woche weg, dann wieder für ein paar Tage. Die Zeiten allerdings, als meine Kinder noch aufsahen, wenn der Satz »Kinder, Papa ist diese Woche in Deutschland« fiel, sind lange vorbei. »Okay, tschüss«, lautet die Antwort, wenn ich überhaupt eine kriege.

Das Essen steht bei uns nie um sechs auf dem Tisch, ist auf keinen Fall ein K-F-G-Mahl und besteht meist aus einer Mischung von Hülsenfrüchten, unbestimmbarem Bio-Reis, halbrohem Gemüse mit gelegentlich, sehr gelegentlich, einem kleinen Stückchen Fleisch. Meistens aus Soja oder Tofu. Vegan sind wir noch nicht, vegetarisch so gut wie.

Die Abende, die ich unter der Woche zusammen mit meiner Frau verbringe, wenn sie oder ich nicht bei dem einen oder anderen Elternabend, der einen oder anderen Kommission oder Aufführung sein muss, gehen in der Regel mit »Terminkalender aufeinander abstimmen« vorüber. Und nicht nur, um die organisatorischen Dinge zu planen. Wie die meisten Eltern heutzutage machen auch wir Agenda-Sex. Mannomann!

»O nein, Bassie, nächste Woche Mittwoch, das geht leider nicht, du süßes Mäuschen, da habe ich Yoga … oder war es etwas anderes, sehr Wichtiges? Mal gucken. Ja, oh nein, da habe ich mittags meine *Me-Time* … Ein bisschen Zeit nur für mich. Das braucht eine Frau manchmal … Oder?«

»Ja, natürlich, das verstehe ich. Aber wann hast du mal Zeit? Nächste Woche Samstag?«

»Nein, da kommt meine Mutter und bleibt das ganze Wochenende. Sie hat die Kinder schon so lange nicht gesehen.«

»Ja, na ja, ich habe dich auch seit Wochen nicht mehr ›richtig‹ gesehen.«

»Na gut, da will ich mir mal Mühe geben, deinetwegen, so bin ich nämlich … Vielleicht geht es in zweiundeinerhalben Woche am Mittwoch am 9.15 am Morgen. Da haben wir genau dreißig Minuten, wird reichen, glaub ich. Aber es muss ohne Geräusche gehen, weil Anja, die Putzfrau, da ist. Und sie ist nicht da, um auch dich zu putzen.«

»Okay, Schatz. Das ist sehr lieb von dir.«

Wenn wir dann endlich hundemüde im Bett liegen, tun wir

das in einem verschlissenen Jogginganzug, denn in »diesem Jahr ist es besonders früh kalt geworden«.

Ich bin ein richtiger Durchreißer, und was sein muss, muss sein, stimmt's? Seine Frau verwöhnen, das ist die Aufgabe eines guten Ehemanns. Auch dann, wenn er vor Müdigkeit oder mit einer Grippe zitternd im Bett liegt. Ja, so bin ich! Meine empathische Frau meint jedoch, ich müsse nicht meine allerletzten Kräfte mobilisieren, um sie zum Höhepunkt zu bringen. »Mein Schatz, führ' dich nicht so kindisch auf. Wir haben doch unsere Romantik schon eingeplant in zweundeinerhalben Woche. Ich weiß deine Liebe sehr zu schätzen, aber du darfst ruhigen Gewissens schlafen. Mache ich jetzt übrigens auch. Tschüss.«

Der Mann musste sich seit den 1950er-Jahren extrem anpassen. Frauen, die 1950 heirateten, mussten unverzüglich ihren Beruf aufgeben. Die verheiratete Frau hatte die klar definierte Funktion: Sie war Hausfrau und Mutter. Das waren geradezu paradiesisch geordnete Zustände. Auch für die Frau.

Bis 1956 war es gesetzlich geregelt, dass die niederländische Frau eine schriftliche Einverständniserklärung ihres Mannes vorlegen musste, wenn sie arbeiten, reisen oder ein Konto eröffnen wollte. Warum etwas zum alten Eisen legen, das jahrhundertelang in den Niederlanden gut funktioniert hat – und jetzt noch immer funktioniert, beispielsweise in Saudi Arabien. (oh, Ironie!)

Dem niederländischen Mann blieb trotzdem noch ausreichend gesetzlich unterbaute Autorität, er hatte innerhalb der Ehe weiterhin das Sagen, seine Frau musste ihm gehorchen. Bis 1971, da wurde auch dieser Passus abgeschafft. 1971 – in meinem Geburtsjahr, verflixt und wohlgemerkt!

Die Gesetzesänderung kam für die Selbstbestimmung des

Mannes einem Trojanischen Pferd gleich. Die Frauen erwiesen sich als höchst talentiert, die Führung in Ehe- und Familienleben von uns Männern zu übernehmen. So wie eine Boa constrictor eine komplette Kuh auffrisst, sie ganz langsam, am Stück, von Kopf bis zum Schwanz vertilgt. Von der Natur so vorgesehen.

Schon klar, Frauen beherrschen Multitasking. Das behaupten sie zumindest. Tja, so kann man Outsourcen, Dirigieren und Delegieren natürlich auch nennen.

Hunderte Jahre war alles prima geregelt, doch dann wurde ohne ersichtlichen Grund innerhalb von fünfzig Jahren alles über den Haufen geworfen. Das kann man doch nur als traumatische Erfahrung bezeichnen.

Es spricht für den Mann, dass er in der Lage ist, dieses Schicksal ohne Klagen zu ertragen, auch wenn er sich plötzlich damit konfrontiert sieht, dass all seine Freiheiten stark beschnitten werden und niemand diese Tatsache zum Gesprächsthema macht.

Damals, als mein Sohn geboren wird, hat es mir leid für ihn getan. »Mein Junge, du hast keine Ahnung, wie dein Leben als Mann jetzt ist.«

Es muss Schicksal gewesen sein, dass ich danach drei Mädchen bekommen habe. »Meine süßen, lieben Prinzessinnen, ihr habt endlich die Rechte und Freiheiten, die ihr verdient.«

Mein Freund G. ließ mich folgende SMS lesen:

»Ok Schatz, schnell eine organisatorische SMS. Ich muss morgen schon um 7.15 weg, Frühdienst. Sachen für die Mädchen liegen auf dem Sofa, Frühstückstisch ist gedeckt, Obst in Schultaschen. Deine Mutter holt Sophie um 2 von der Schule ab. Sie backt dann ein Brot (alles steht in der Küche bereit + Zettel mit Instruktionen), nimmt Sophie zum Weihnachtsessen mit. Habe einen Korb vorbereitet, steht auf der Anrichte, kannst du und Sophie zum Weihnachtsessen mitnehmen. Ich habe ein paar Schokoladensachen, Kräcker, Grissini, Chips und Brezeln reingetan. Das Brot, das deine Mutter backt, muss noch dazu, in Scheiben geschnitten und geschmiert, plus Aufback-Baguette, das musst du noch fertig backen. Besprich bitte mit Sophie, was genau sie mitnehmen möchte. Ich glaube, es ist besser, wenn du das Brot zu Hause schneidest und schmierst. Aber in Alufolie einwickeln, sonst fällt es auseinander, ja? Außerdem muss sie sich umziehen, ihre Weihnachtskleidung hängt bereit (das sind andere Sachen als die, die sie tagsüber anhatte!). Ich schick dir gleich ein Foto von den Sachen, ok? Ok. Kuss. Hoffe, dass es nett wird. XXX dein Hase«

Du kannst darauf wetten, dass mein Freund G. keinen Widerstand leistete. Protest gegen die Anweisungen deiner Frau kommt einer Kriegserklärung gleich. Selbst die geringste Eigeninitiative des Göttergatten wird nicht honoriert, weil sie überflüssig ist. »Ja, du darfst meine Aufgaben übernehmen, aber nur, wenn du es genauso machst, wie ich es mir vorstelle.« Wenn ein Mann im Arbeitsleben einer Kollegin derartige Anweisungen geben würde, bekäme er sofort den Stempel Alphatier, was sage ich, Sexist.

Denk bloß nicht, dass der emanzipierte Mann diese leidvollen Erfahrungen mit seinen Freunden teilen würde, nein, so weit sind wir noch nicht. Männer haben einen Fußballclub und eine Stammkneipe und teilen ihre tollen Geschichten und ihr Bier. Wir würden nie darüber jammern, dass wir zu Hause überstimmt, plattgewalzt und in ein straffes Haushaltsreglement gezwungen werden. Auf gar keinen Fall, denn wenn man Schwäche erst mal zugibt, wird man auch in die Schublade schwach einsortiert, nicht wahr?

In den siebziger Jahren gab es eine starke feministische Bewegung, mit Zeitschriften, Gesprächskreisen und Gruppen für gewollt ledige Mütter. Dort wurde alles besprochen, sie tauschten sich über Gefühle und Wünsche aus. Heutzutage sind Frauen BFF's – *Best Friends Forever* – , teilen alles miteinander und öffnen sich anderen gegenüber, selbst wenn es um ihre geheimsten Wünsche geht. Das ist auch der Grund dafür, dass Frauen in der sozialen Interaktion oft nicht mehr als einen halben Satz benötigen, denn sie wissen genau, was ihre *Sistas* denken, fühlen, meinen. Mitleidig schauen sie uns zu, wie wir uns quasi überschlagend in Diskussionen verwickeln, die nichts anderes sind als albernes Machogehabe. In der Zwischenzeit haben sie, seelenruhig, schon lang miteinander besprochen, wie sie weiter vorgehen wollen. Frauen stimmen sich miteinander ab, Männer überstimmen einander.

Bei uns zu Hause verdiente mein Vater das Geld. Meine Mutter machte den Haushalt. Klare Aufteilung. Als Kind habe ich mich nie gefragt, wer bei uns der Boss war. Meine Brüder und ich waren, glaube ich, im Großen und Ganzen glücklich. Ich hatte zwei ältere Brüder, aber keine Schwester, um den Testosterongehalt auszugleichen, sozusagen.

Das war letztendlich auch nicht nötig. Mein ältester Bruder Roef fing an einem denkwürdigen Tag im Mai 1984 auf einmal an zu stricken, das fand er gut. Mein anderer Bruder, Jeroen, ließ im selben Jahr sein Haar von einer Freundin, die Friseurin werden wollte, in Tigerstreifen blondieren, und ich wollte, nachdem ich eine Jugendvorstellung des Scapino Ballets in Rotterdam gesehen hatte, Tänzer werden. Als ich 2017 an der RTL-Show »Let's Dance« teilnahm, hatte ich noch immer das Gefühl, ein kleiner Nurejew schlummere in mir. Dieses Gefühl endete abrupt, als ich an einem der ersten Probentage Vanessa

Mai, eine meiner »Konkurrentinnen«, tanzen sah. Ich gebe zu, es hat mich dann gefreut, dass Gil Ofarim schließlich den ersten Platz machte, also endlich mal wieder ein Mann die Trophäe mit nach Hause nahm.

Dass er es zusammen mit die fantastischen Ekaterina Leonova geschafft hat, will ich für diese Geschichte mal vergessen. Es war für Männer wirklich nicht das beste Jahr. Die niederländische Fußballnationalmannschaft verlor so ziemlich jedes Spiel ... Ich meine die männliche Nationalelf. Bei der Europameisterschaft gewannen die Niederländer den Titel – das Frauen-Nationalteam.

In meinem letzten Schuljahr war ich häufig bei meinem Klassenkameraden Maarten. Wir hingen ein bisschen ab, rauchten heimlich Marlboros und quatschten über Mädchen. Sein Vater verdiente sein Geld mit Blumenzwiebeln und machte ununterbrochen frauenfeindliche Witze: Frau am Steuer? Nicht geheuer! Zu Anfang fand ich das lustig, dieses Männer-unter-sich-Gefühl, das kannte ich von zu Hause nicht. Als sein Vater die Witze aber auch im Beisein von Maartens Mutter riss, war mir das peinlich.

Eines Tages sollten Maarten und ich für seine Mutter einkaufen. Sie machte viel Aufhebens davon, in welchem Supermarkt wir welches Sonderangebot kaufen sollten. Maartens Eltern waren nicht knapp bei Kasse, zumindest wirkte es nicht so.

Ich fragte Maarten, warum seine Mutter so extrem sparsam sei, und er erzählte mir, dass sie Haushaltsgeld von seinem Vater bekäme und damit rumkommen müsse. Die wöchentlichen Einkäufe, Geburtstagsgeschenke und der Friseur, für alles musste Mutters Haushaltskasse reichen. Ich fragte Maarten, ob er es nicht merkwürdig fände, dass seine Mutter so eine Art Taschengeld bekam und sein Vater den Rest ausgab.

»Na ja, mein Vater verdient das Geld, dann ist das doch klar!«

Ich schiebe auf meinem Laptop die Arbeit beiseite und suche meinen alten Schulfreund Maarten auf Facebook. Nach einer Weile habe ich ihn gefunden. Maarten ist mit einer Lisa verheiratet, sie haben zwei Söhne. Seine Frau ist so ein sportlicher Perlenketten-Typ. Maarten trägt Polos von Lacoste, hat fast keine Haare mehr und einen kleinen Bauch. Trotzdem sieht er recht zufrieden aus. Ich starre auf die Familienfotos von meinem alten Klassenkameraden. Urlaub, Sinterklaas-Feier, Freischwimmer, solche Sachen. Nichts Aufregendes, eben das normale Leben. Manchmal macht mich diese Vorhersehbarkeit unseres Lebens schwermütig. Wir scheinen so schrecklich wenig Einfluss auf unseren Lebensweg zu haben. Ich frage mich, was Maarten wohl beruflich macht. Auf Facebook kann ich keinen Hinweis finden. Ich suche auf LinkedIn weiter. »Ich bin Freiberufler, hochqualifiziert im Retailmarketing, und bin jederzeit offen für neue und spannende berufliche Herausforderungen.« Alles klar.
Etwas später finde ich auf LinkedIn auch seine Frau Lisa. Sie ist Partnerin bei der Unternehmensberatung PricewaterhouseCoopers. Ich frage mich, ob Maarten wohl von seiner Frau Taschengeld bekommt?

MEINE FRAU WILL KEINEN HUND

#*Deze Kroeg*   BASTIAAN RAGAS

Freitagabend, ich drehe mit meinem Schwiegervater Jaap eine Runde durch den Garten.

»Die Akazie da drüben hat zu wenig Licht bekommen«, sage ich, »also haben wir letzte Woche einen Gärtner zwei Buchen fällen lassen, die zu dicht bei der Akazie standen.«

»Ja, auch Bäume brauchen Platz.«

Mein Schwiegervater und ich steigen über dutzende dicker Holzklötze. Sie sind ordentlich gestapelt, wie die Steine eines riesigen Brettspiels.

»Die spalte ich morgen«, sage ich.

Es regnet, sacht, im Garten hängt feuchter Dunst. Ich mag diese Stimmung. Die Straßenlaternen sind gerade angegangen. Mal sehen, vielleicht machen wir noch einen Abstecher in den Dorfkrug. Keine Ahnung, ob Jaap Lust dazu hat, aber ich vermute schon. Heute Abend muss er jedenfalls nicht nach Hause fahren, meine Schwiegereltern bleiben übers Wochenende in unserem Gartenhaus.

»Gehen wir noch ein Stück durch den Wald?«, frage ich. Eigentlich lautet meine Frage: »Gehen wir noch eben auf ein leckeres belgisches Bier in die Dorfkneipe?«

Mein Schwiegervater nickt. Die Idee mit dem kleinen Spaziergang durch den Wald – oder zur Kneipe – gefällt ihm. Wir brechen auf, durch das Gartentor Richtung Wald. Die Frage, ob wir noch auf einem Barhocker landen werden, bleibt in der Schwebe. Wenn ich jetzt ein gutes Gesprächsthema aufwerfe, erhöht das die Wahrscheinlichkeit auf ein bauchiges

Glas frischgezapften Biers. Auf der anderen Straßenseite geht ein Mann mit seinem Hund Gassi. Der Mann sieht aus wie unser Nachbar von Gegenüber, der immer um diese Zeit seinen Hund ausführt. Oder ist er es doch nicht? Dieser Mann hat eine hellbeige Burberry-Regenjacke an, er trägt sie offen, man sieht das Schottenmuster. Eine Rauchwolke umgibt seinen Kopf. Kommt das von einer Zigarre oder ist es der Abenddunst? Mein Nachbar raucht nicht, da bin ich mir sicher. Der Hund trottet hinter ihm her.

»Was ist deiner Meinung nach das Geheimnis einer glücklichen Ehe, Jaap?«

»Es hat was mit Erwartungen zu tun, denke ich. Die meisten Männer suchen im Grunde nur eine Haushälterin, mit der sie ab und zu ins Bett steigen können.«

»Und Frauen, was suchen die?«

»Frauen suchen einen Kameraden, mit dem sie nicht dauernd ins Bett müssen.«

Jaap lacht und sieht mich forschend an. Wir stehen an der Stelle, wo der Weg in den Wald führt, der dunstige Nieselregen dämpft die Geräusche. Jaap ist mein Schwiegervater, logischerweise wird er sich jetzt fragen, warum ich ihm diese Frage stelle. Aber er hakt nicht nach.

»Eine Ehe funktioniert am besten, wenn man einander nicht stört«, sagt er und biegt in den Weg ein.

Ich gehe neben ihm über den weichen Waldboden und denke darüber nach. »Du hast eine ziemlich pragmatische Art, Romantik in Worte zu fassen, Jaap. Solange man einander nicht stört, führt man eine gute Ehe? Was für ein aufmunternder Gedanke.«

Jaap hält kurz inne und überlegt. »Romantik braucht man, um sich zu verlieben und um Kinder zu bekommen«, erwidert er. »Für eine gute Ehe ist sie nicht nötig. Du kannst eine

Ehe auch als eine Vereinbarung zwischen zwei erwachsenen Menschen betrachten, die füreinander sorgen und sich umeinander kümmern wollen. Wenn das gelingt, hat man schon viel erreicht. Und wenn du dich an deiner Frau doch stören solltest, schaffst du dir eben einen Hund an. Dann kannst du ab und zu mal raus.« Es klingt fast wie eine Warnung.

»Nicht umsonst sagt man ›mein Haus, mein Boot, mein Hund‹«, fährt er fort, »das gehört einfach zusammen. Der Hund hat die Funktion, allen Frust, fehlende Zuwendung oder Liebe, allen Ehestress zu kompensieren.«

Ich unterlasse es, mich nach dem Mann mit dem trottenden Hund umzusehen. Ob er wohl hören kann, worüber wir reden?

»Jaap, meine Frau will keinen Hund.«

»Sie will keinen Hund? Nun, dann müsst ihr eure Ehe aber gut pflegen, abgemacht?«

»Okay. Übrigens, unser Kredit für das Haus ist sowieso viel zu hoch, als dass wir uns scheiden lassen könnten.«

Jaap sieht mich an, sein Blick verrät, dass er sich nicht sicher ist, ob das ernst gemeint oder ein Witz sein soll.

Wir gehen weiter, der Weg wird von stattlichen Buchen flankiert. Seite an Seite, nebeneinander, schon hunderte von Jahren. Hier und da hat ein junger Baum einen alten ersetzt.

Vor uns teilt sich der Sandweg.

»Nehmen wir noch ein Zot bei Anton?«, frage ich und hoffe, dass Jaap das für eine gute Idee hält.

»Was ist Zot und wer ist Anton?«, fragt mein Schwiegervater.

»Ersteres ist ein schönes, goldgelbes Bier aus Brügge, und Anton zapft es mit Vergnügen für uns.«

Jaap antwortet nicht, schlägt aber sofort den Weg nach links ein, am Ende leuchtet eine Laterne.

Im letzten halben Jahr sind in meinem Freundes- und Bekanntenkreis mehrere Ehen gescheitert. Mir ist aufgefallen, dass es sich ausschließlich um Familien mit Kindern handelte, bei denen die Frau plötzlich Schluss machte. Statistisch gesehen haut das hin, die meisten Scheidungen werden von Frauen um die vierzig eingereicht.

»Eine Scheidung muss man sich leisten können«, heißt es. Allerdings frage ich mich dann, warum Königin Juliana und Prinz Bernhard sich nicht getrennt haben. Wenn irgendeine Grund genug hätte, ihren schürzenjagenden Gatten rauszuschmeißen, dann wohl sie. Die Wege fremder Ehen bleiben ein Mysterium.

Meine angeheiratete Großtante Catharina sagte immer:

»In unseren Kreisen trennt man sich nicht. Bei uns sind nur die Arschbacken getrennt. Höchstens schläft und isst man getrennt, aber Scheidungen sind nichts für unsereiner.«

Wen sie nun mit »unsere Kreise« und »unsereiner« meinte, ließ sie offen. Tante Kaatje weilt inzwischen nicht mehr unter uns, offensichtlich gibt auch »unsereiner« den Löffel ab.

Jaap und ich betreten den Dorfkrug. Es ist warm und, wie gewöhnlich an einem Freitagabend, voll. Ein Familienessen für Oma und Opa, die fünfundsechzig Jahre verheiratet sind. Cees, der Sohn des Schmieds, trinkt ein Bierchen; in der Ecke tönt ein Gruppe Studenten in Poloshirts von amerikanischen Universitäten, an denen sie nicht studiert haben. Am Stammtisch hat sich ein Eltern-Hockeyteam (nur Väter!) für die dritte Halbzeit niedergelassen, und an der Bar steht eine für ihr Alter etwas zu modisch gekleidete Gruppe Frauen. Typ: »Geschiedene Frau in knallenger Lederhose und weißer Bluse mit flauschiger langer schwarzer Weste drüber.«

Es sind nur noch zwei Barhocker an der Ecke frei.

»Hi Anton, machst du mir zwei Zotte?«

Da fällt mir ein, genau vor einer Woche saß ich auch hier vor einem Zot, gemeinsam mit meinem Freund Bart. Ich trinke einen Schluck belgisches Bier aus dem typischen hohen, bauchigen Glas.

»Jaap, ich bin in einer Lebensphase, in der um mich herum mehr Ehen zu Bruch gehen, als geschlossen werden.« Mein Schwiegervater hatte wohl auch Durst, sein Glas ist fast leer.

»Nun, Bas, das ist immer noch besser als das, was deine Schwiegermutter und ich mitmachen. Um uns herum sehen wir mehr Särge als Wiegen. – Ton, gibst du mir noch ein Bier?« Mein Schwiegervater scheint sich schon richtig zu Hause zu fühlen.

Während Anton das nächste Zot zapft, erzähle ich von meinem Gespräch, das ich hier kürzlich mit Bart führte. Bart und ich sind seit der siebten Klasse miteinander befreundet. Wir hatten uns eine Weile nicht gesehen.

»Weißt du, was das Problem ist, Bassie? Sie zweifelt«, sagte er.

»Sie zweifelt …«, echote ich.

»Und wie läuft's bei euch?«, fragte er mich beinahe flehentlich.

»Ja, wir haben natürlich auch so unsere Probleme«, schwindelte ich und murmelte noch etwas in Richtung »wer Zweifel hat, weiß eigentlich schon längst, was er will«. Und dass ich mir vorstellen könne, man zögere nur und wäre unschlüssig, weil man niemandem wehtun wolle. Das sei dann aber eher eine Art sentimentales Mitleid.

Mein Schwiegervater nimmt einen Schluck Zot, hört sich die Geschichte über meinen Freund Bart aufmerksam an und sagt dann: »Im neunzehnten Jahrhundert gab es einen englischen Dichter, Philip James Bailey, der sagte: ›Wo Zweifel ist,

ist auch die Wahrheit; es ist immerhin ihr Schatten.‹ Komm, wir gehen, es ist schon spät.«

Wir verabschieden uns von Ton und machen uns auf den Heimweg.

Am nächsten Morgen stehen wir gemeinsam mit einigen anderen Eltern vom Fußballteam meines Sohns Sem um Viertel nach acht am Rand eines matschigen Sportplatzes.

»Noch wer 'nen Kaffee?« Jaap macht sich zum Klubhaus auf.

»Ja, gern«, rufe ich ihm nach.

Neben mir steht eine Frau und schweigt, ich habe sie hier noch nie gesehen. Sie kommt mir aber bekannt vor. Sie trinkt Kaffee aus einem Plastikbecher und raucht. Zu ihren Füßen hockt ein Hund. Bestimmt kalt, mit dem Hintern auf dem feuchten Lehmboden. Sein Frauchen hat eine lange Jacke an, eigentlich eher eine Daunendecke mit Reißverschluss. Ihre Füße stecken in UGG-artigen Plüschpantoffeln.

Saß sie gestern nicht auch im Dorfkrug? Bei dem »Verlassene-Frauen-Club«? Es ist nasskalt, die Kälte zieht durch die dünnen Ledersohlen in meine Beine.

Aus heiterem Himmel fängt die Frau neben mir an zu kreischen: »Laufeee, Michiel, laufeeeee …«

Jetzt bin ich mir sicher, sie hat gestern in der Kneipe gesungen. Wie ein Nebelhorn. Ich schaue zurück aufs Fußballfeld und entdecke einen zwölfjährigen Bengel, der hinter dem Ball herrennt. Der Kleine strengt sich richtig an, nach jeder seiner Aktionen sieht er zu uns rüber.

»Gehst du oft mit zum Fußball?«, fragt die Frau, ohne mich anzusehen.

»Ja, so oft wie möglich. Mir macht das Spaß, wenn ich all die Knirpse hinterm Ball herrennen sehe.«

Sie sagt nichts und zieht an ihrer Zigarette. Mit gespitzten Lippen bläst sie den Rauch aus. Vertikale Furchen von der Oberlippe zur Nase verraten, dass sie schon länger Rauch einsaugt und ausbläst. Raucherfalten. Der braune Lipliner hinterlässt einen Abdruck auf dem Filter. Wie alt mag sie wohl sein? Ihrer Kleidung nach würde ich sie auf ungefähr dreißig schätzen, ihr Gesicht hat die dreißig allerdings schon lange hinter sich gelassen.

»War es gestern noch gesellig bei Anton?«, frage ich.

Sie antwortet nicht.

Auf der gegenüberliegenden Seite schreien die Eltern der Gegnermannschaft Anweisungen, bei uns ist es still.

»Mein Freund geht meistens mit unserem Michiel mit, er ist heute Nacht aber nicht nach Hause gekommen.«

Dieses unerwartete Bekenntnis jagt mir einen Schreck ein.

»Ups«, sage ich, es klingt albern und doof.

Es fällt ein Tor für das Team unserer Söhne.

»Zurüüüück, Michiel, zurüüückkommen.«

Ich frage mich, wem sie das eigentlich zuruft.

In meinem Kopf pocht ein leichter Kater. »Äh, macht er das öfter?«, frage ich à la Dr. Sommer.

»Was? Ob mein Freund öfter wegbleibt? Schon, aber denk nicht, dass ich Lust habe, mit dir darüber zu reden.«

Es fühlt sich an, als ob mir jemand ohne Vorwarnung ein muffiges, kaltes Schwammtuch in den Mund stopft.

Jaap kommt mit einem Tablett voller Tee- und Kaffeebecher zurück. Er bleibt ein paar Meter weiter rechts bei den anderen Eltern stehen. »Willst du auch einen, Bas?«, ruft er.

Ich will zurückrufen, reagieren, aber es gelingt nicht. Vielleicht kommt es durch die Kälte oder durch die peinlichen Umstände, ich weiß es nicht, aber ich stehe wie festgenagelt auf der Stelle.

»Ich, äh, hol mir mal 'nen Kaffee«, sage ich schließlich zu dem Reißverschlussschlafsack.

Mein Sohn rennt übers Feld. Es beginnt wieder leicht zu regnen. Ich hole mein Handy raus und schicke meiner Frau eine SMS. »Liebling, auch wenn ich keinen Hund kriege … Fürs Erste lassen wir uns nicht scheiden. X«

EIN PERFEKTER ZUCHTBULLE NAMENS SUNNY

#You're the devil in disguise   ELVIS PRESLEY

Wir haben zwei Freunde, Rogier und Emma, die seit ein paar Jahren verheiratet sind und einen liebenswerten einjährigen Sohn haben, Hans. Sie sind lustig und in Gesellschaft unterhaltend, haben aber immer irgendein Problem. Manchmal ist es der Stress bei der Arbeit, dann in der Beziehung, das nächste Mal liegt es an Hansje, der »gerade eine unglaublich schwierige Phase durchmacht«. Da wir uns schon einige Jahre kennen, haben wir begriffen und akzeptieren, dass sie den Stress als »Schmieröl« für ihre Beziehung brauchen. Sie mögen diese Streiteren. Wie auch immer, langweilig wird es mit ihnen nie.

Das Amüsante an Rogier ist, dass er sich für alles Mögliche die absurdesten Theorien ausdenkt, und seltsamerweise trifft er manchmal sogar den Nagel auf den Kopf.

Als Emma gerade Hansje zur Welt brachte, überraschte mich Rogier mit einer subtilen Analyse über Frauen mit Kinderwunsch.

»Weißt du, Bas, Frauen, die ein Kind wollen, nennen wir sie mal brütende Frauen, sind wie die Gremlins aus diesem Steven-Spielberg-Film.«

»Ja, ich kenne den Film«, sagte ich.

»In dem Film gibt es dieses süße, kleine, niedliche Tier, den Mogwai. Er kann wie eine Nachtigall singen, wie ein Meerschweinchen quieken und wie eine Katze schnurren. Aber man darf nicht vergessen, er hat den Teufel in sich. Dauernd will er nach Mitternacht essen, was aber absolut verboten ist, denn wenn dieser süße Knuddel seinen Willen kriegt, passieren die schlimmsten Dinge. Isst er nach Mitternacht etwas, wird dieser künstliche Mogwai zum Teufel, zum Gremlin. Alles Sanfte, Schöne, Zärtliche und Zutrauliche ist weg … Und genauso ist es mit einer Frau, wenn sie ein Kind von dir will.«

Er sah mich triumphierend an und war mächtig stolz auf seine Theorie. »Eine Frau mit Kinderwunsch weiß genau, wann die ›mitternächtliche Stunde‹ da ist. Mit digitalem Thermometer und akribisch geführtem Eisprungkalender verfügt sie über die Instrumente und mit ihrem fruchtbaren Körper über das Reproduktionslabor. Ist die Zeit reif, gibt es kein Entkommen. Du kannst alles mit ihr machen, ach was, du musst alles mit ihr machen, ob du willst oder nicht. Wie bei den lüsternen Sirenen aus der griechischen Mythologie, die die Seefahrer verführen und in die schwarze Tiefe des Meeres ziehen. Sie gurrt, schnurrt und windet sich in herrlichen Dessous wie Silvie Meis auf einem Liter liquid Ecstasy, um an deinen Samen zu kommen. Und wenn du deine DNA losgeworden bist, geht sie kopfüber in den Handstand, um alles gut nach innen rutschen zu lassen.«

Ich verschluckte mich an meinem Bier und fragte:

»Nun, ähm, ja, ich weiß selber, dass der Schwangerschaftsstress nicht zu toppen ist, aber, mein Freund, übertreibst du jetzt nicht? Ein ganz, ganz kleines bisschen vielleicht?«

»Ach, was weißt du denn, wie Emma sich aufführt, wenn sie schwanger ist!«

O doch, das wusste ich!

Emma in schwangerem Zustand war tatsächlich ausgesprochen interessant. Unsere früheren Gespräche über Schwangerschaft waren immer verständig und sogar humorvoll gewesen. Das änderte sich in dem Moment, als die Schwangerschaftshormone die Herrschaft übernahmen.

An einem schönen Sonntagnachmittag saßen wir auf unserer Terrasse. Ich wusste es nicht genau, aber ich schätzte, dass Emma ungefähr im fünften Monat schwanger war. Sie sagte:

»Leute, ihr habt nette Kinder. Aber manchmal mache ich mir Sorgen. Weil meins ein bisschen anders ist als eure.«

»Heh? Wen meinst du?«

»Unseren Hansje.«

Anscheinend hatte sie dem Embryo bereits einen Namen gegeben und einen Charakter zugedacht.

Rogier konnte es meinem Gesicht ansehen, dass ich die neue Lage nicht begriffen hatte.

»Ja, Emma ist seit kurzem in Kontakt mit dem ›Neuen Zentrum für Indigo-Kinder und ihre Eltern‹«, versuchte er zu erklären.

»Oh«, antwortete ich unbestimmt und sah es Rogier an, dass er sich genauso unsicher fühlte wie ich.

»Ich denke, Hansje ist wirklich etwas Besonderes.«

Mit den Worten »Gott, ja, das Wunder des Lebens ist ein wirklich großes Wunder« hoffte ich, das Gespräch in unverfängliche Bahnen zu lenken. Aber Emma war offensichtlich nicht einverstanden.

»Hansje ist ein Kristallkind. Ja, ich mag es eigentlich noch gar nicht sagen, aber mein Coach meint, er wird wahrscheinlich ein Indigo-Kind.«

»Ach ja?«, hörte ich Tooske vorsichtig sagen.

»Sieht denn dein Coach auf dem Ultraschall, dass Hansje ein echter Albino ist?«, versuchte ich es mit schrägem Humor.

»Aber nicht doch, nein, nicht Albino, I-n-d-i-g-o, Bas«, stellte Emma klar. »Hansje wird mit einer speziellen Aufgabe hier auf die Erde kommen, mit einem eigenen Auftrag. Ich selbst habe immer gespürt, dass ich etwas Besonderes bin. Deshalb ist es so schön, dass wir es nun durch unser eigenes

Kind bestätigt bekommen. Stimmt doch, Rogier?«

Rogier griff sich ein Stück Möhre und biss demonstrativ hinein: »Ha, Möhre, ziemlich knackig ... wie immer.«

Emma ignorierte ihn und fuhr fort: »Ja, Hansje ist einfach anders, er hat eine alte Seele, und er hat selber entschieden, als ›Bote des Lichts‹ zu uns zu kommen, um der Menschheit den Weg zum Ursprung zu weisen.«

»Oh, und wie kannst du wissen, dass du so einen Indigo mit alter Seele bekommen wirst?«, fragte Frau Ragas in einem so interessierten Tonfall, dass ich ein Lachen unterdrücken musste.

»Ja, es wird schwierig, denn Indigo-Kinder kannst du nicht zur Disziplin erziehen, sie lassen sich zu nichts zwingen, an das sie nicht glauben.«

In mir kam Hoffnung auf: Galt das auch für unsere Kinder, die ja auch nicht hören? Vielleicht sind sie Indigo-Boten des Lichts und keinesfalls nur einfach nicht zu bändigende Springbälle.

»Ich trage jetzt diesen Kristall an meinem Bauch.« Emma zog plötzlich ihren weiten Schwangerschaftspullover hoch, was mich ein wenig erschreckte. Unter dem Pullover kam ihr weißer, runder Bauch zum Vorschein, die Haut war straff und glänzend. An ihrem hervorstehenden Bauchnabel hing ein blauer Stein.

»Wow, beeindruckend«, sagte Tooske. Mir gefiel das ebenfalls, wenn auch aus ganz anderen Gründen.

»Wisst ihr, wir müssen Hansje genügend Freiraum geben, sonst nimmt seine empfindsame Seele Schaden.«

Später unterhielten Rogier und ich uns in der Küche.

»Sag mal, Rogier, habe ich das jetzt richtig verstanden: Hansje braucht viel Freiraum, dafür musst du sorgen, darfst dich aber wiederum nicht zu sehr einmischen. Klingt, als hättest du als Vater nicht viel zu tun. Glückwunsch!«

Rogier sah mich mutlos an. »Ach, du hast ja keine Ahnung, ich werde noch verrückt. Ich weiß nicht, was mit Emma los ist. Eine wirklich nette Frau hat sich in ein esoterisches Irrlicht verwandelt.«

Als wir uns das nächste Mal sahen, verabredeten wir, gemeinsam essen zu gehen, gemütlich und entspannt. Aber beim Nachtisch lief wieder alles hoffnungslos schief.

»Was ist denn das für eine Ehe?«, rief Emma plötzlich aus.

»Was meinst du? Wir haben doch eine gute Zeit zusammen«, entgegnete Rogier vorsichtig.

Emma blickte durch uns hindurch zu ihm.

»Gut? Gut? Das nennst du gut? Das Essen ist gut, unsere Freunde sind gut, aber du und ich, wir sind ein Witz! Kann ich einen Schluck Wein haben?«

Ein gemeinsamer Abend mit Emma und Rogier heißt bei uns seither »Mahlzeit mit den Roses«, weil es so ist wie im Film »Der Rosenkrieg«, wo sich Michael Douglas und Kathleen Turner bis aufs Messer bekämpfen und gegenseitig kaputtmachen. Wie üblich fing es beim Nachtisch an, als die Frau genügend Alkohol intus hatte, und endete einen Tag später mit einer SMS: »Es war wieder gemütlich, Entschuldigung für den Zoff. lg Emsky.«

Wie gesagt, sehr nette und aufmerksame Leute.

Letzte Woche traf ich Rogier auf einen Kaffee in der »Coffee-Corner«, so City-Style, raue Wände, Siebziger-Jahre-Lampen, Stahltreppen, alles mit unglaublichem Aufwand und noch mehr Geld auf semi-chaotisch bis spontan gestylt. Die Bedienung waren Leute in den Zwanzigern, die alles geben, um cool und chillig rüberzukommen. Der Typ in offenen Lederslippern hinter der blitzenden italienischen Kaffeemaschine hatte seine langen Haare zu einem Knoten zusammengedreht. »Hey Mann, ich komm gleich zu dir!«

Ich passe mich an, also sagte ich als ›richtiger‹ Metromann zu Rogier: »Hey Mann, weißt du, Emma versteht dich einfach nicht, okay?«

Anscheinend hielt Rogier meinen Semi-Street-Talk für ganz normal, sonst wäre er gleich auf mich losgegangen.

»Verstehen? Verstehen? Mann, ich mache doch alles für sie, aber meine Bedürfnisse zählen überhaupt nicht mehr. Ab und an mal ein bisschen locker die Liebe feiern, ist nicht mehr drin. Wenn ich ihre Brüste berühre, sagt sie: ›Pass auf, ich habe Schrunden an den Brustwarzen!‹, wenn ich zu laut stöhne, krieg ich zu hören, ›weck Hansje nicht‹, und wenn ich mal was Gewagtes vorschlage, findet sie, ›das ist schmutzig‹ oder lacht über mich.«

»Aber liegt denn Hansje immer noch zwischen euch?«, fragte ich vorsichtig.

»Ja, natürlich, versuch mal, diesen holistischen Terroristen aus dem Bett zu kriegen, ich wünsch dir da viel Erfolg. Er schläft seit seiner Geburt zwischen uns, und ich glaube nicht, dass sich daran bald etwas ändern wird ... Ja, wenn meine Frau wieder ein Kind will, dann wird Hansje wie ein Düsenjet in seinem Korb ins Nebenzimmer geflogen. Dann schon. Dann darf ich schnell eine Nummer schieben, und danach segelt der kleine Spielverderber wieder direkt in unser Bett. Zwischen uns. Und hält mich in sicherer Entfernung ...«

»Na gut, Rogier, so in einem Jahr, wenn die Babyzeit hinter euch liegt, hast du diese Phase vergessen.«

»Weißt du, ich komme mir vor wie der weltberühmte Zuchtbulle, wie heißt er gleich?«

»Äh, ja, du meinst ...«

»Ja, genau den, ich bin doch nicht Sunny Boy!«

»Sonny Boy, ist das nicht ein Buch?«

»Nee, nee, dieser Zuchtbulle, dieses erbärmlich schöne Biest, der nicht darf, wenn er will, sondern muss, wenn er soll. Nie zum Spaß, nie unbeobachtet, weil immer ein paar Bauern drumherumstehen, die zusehen. Widerlich. Gönn' diesem Biest doch mal ein Vergnügen! Aber nein, nichts da. Hupp drauf, rein, raus, Schluss.«

»Nun ja, Rogier, Sunny, dieser Zuchtbulle, durfte es nicht mit einer echten Kuh machen, nur mit so 'ner Rodeo-Kuh aus Stahl mit drübergezogenem Rindsleder, wenn ich mich nicht irre. Geht es dir da nicht ein ganzes Stück besser?«

»Zwei Millionen Samenfäden wurden aus dieser armen Kreatur gezogen!«

»Zwei Millionen? Wow, das ist eine ziemliche Leistung«, sagte ich fröhlich.

»O Mann, darum geht es in meiner Geschichte doch nicht.«

»Nein, natürlich nicht, weiß ich doch …«

Als ich an diesem Abend mit meiner Frau im Bett lag, erzählte ich ihr, dass Rogier sich wie Sunny Boy fühlt.

»Oh, Sonny Boy, wie in diesem schönen Buch?«

»Nee, nee, wie dieser Zuchtbulle.«

Ein paar Monate später eröffnete mir Rogier auf dem Schulhof, dass Emma erneut schwanger sei. »Es wird wieder ein Junge«, sagte er erfreut.

»Hast du schon einen Namen ausgesucht?«

Rogier schüttelte den Kopf.

Meinen Vorschlag »Sunny Junior« fand er gar nicht lustig.

MACH WAS DRAUS

#Dirty old man   THE THREE DEGREES

Solltest du bis hierher gelesen haben und immer noch nicht wissen, ob du nun Kinder willst oder nicht: Schieb die Zweifel beiseite, vertrau mir, du bist bereit dafür und außerdem auf so ziemlich alles, was da kommen mag, vorbereitet. Ich habe mein Bestes gegeben, um die rosarote Wolke zu entzaubern und die wahnsinnige, kollektive Vorstellung geradezurücken, dass Schwangerschaft und Babyphase eine tolle Zeit sind. Schockierend intensiv, bizarr und unglaublich beeindruckend, das schon ... aber toll? Meine Kinder finden Legoland »toll«. Kinderkriegen ist nicht »toll«, sondern eine andere und vor allem komplexere Geschichte.

Sei beruhigt, in der Praxis ist es – aufgepasst – meist halb so schlimm. Es ist eine Sache von »Mund abwischen, weitermachen«. Je älter sie werden, desto leichter wird es. Schon allein deswegen, weil deine vierjährige Tochter nicht mehr sechs volle Windeln pro Tag produziert. Oder weil dein neunjähriger Sohn zwar noch nicht mit in die Kneipe kann, ihr euch aber zusammen ausschütten könnt vor Lachen.

Es wird alles einfacher, weil zu Hause das Zepter nicht mehr von Unwissenheit, Hormonen und Schlafmangel geführt wird. Es wird alles wieder – ja, ich sag es nun trotzdem – toller.

Euer Ehebett gehört wieder euch und nicht mehr den Untermietern aus eigen Fleisch und Blut, mit der Einschränkung, dass ihr euch schon selbst darum kümmern müsst, die Gäste wieder auszulagern.

Ein ebenfalls mit uns befreundetes Paar hatte eine andere

interessante Idee. Sander hat einen Job in der Finanzwelt, und Karin gab ihrem Kind die Brust, also verbrachte er zwei Jahre lang die Nächte auf der Couch im Gästezimmer. Klar, Sander bekam ausreichend Schlaf, das schon.

Wenn ich den beiden das vor ein paar Jahren prophezeit hätte, noch bevor sie über Nachwuchs nachdachten, hätten sie mich für verrückt erklärt. »Nicht mehr in einem Bett schlafen? Was ist denn das für eine abwegige Idee?«

Genau.

Doch Leben ist Machen. Also mach' es nicht zu kompliziert. Stürz' dich mit Leidenschaft in die nächste Phase. Es ist super, nicht in der Sinnkrise der Mittzwanziger oder Mittdreißiger hängenzubleiben und stattdessen eine Familie zu gründen, dann ist man wenigstens rechtzeitig bereit für die Midlife-Crisis und kann seine Harley Fatboy, die man gerade mal zehn Jahre zuvor schweren Herzens verkauft hat, zurückkaufen.

Vergiss nicht, nach ein paar Jahren bekommt man sein Leben nahezu unversehrt zurück.

Die Maxi-Cosi-Autositze, Bugaboo-Kinderwagen und Spielzeugkisten stellt man auf Ebay, zu ihren 1 769 033 Geschwistern. Im Auto machen die Sonnenschutzblenden von Disney Platz für die elegantere Version in anthrazit. Im Wohnzimmer stolpert man nicht mehr über Kinderstühle, Bauklötze und Puppenwagen. Willst du abends ausgehen, muss das nicht Wochen vorher im Terminkalender stehen, und gemütlich Ausschlafen ist ebenfalls mal wieder drin.

Das Bild von der Zukunft, das man hatte, bevor der Nachwuchs kam, ist allerdings für immer ein anderes geworden. Vom Macher, Hedonisten und Übermacho mit einem Leben, in dem Karriere und Partys die Dreh- und Angelpunkte waren, hin zu einem Erwachsenenleben mit Planung, Verantwortung und Familienritualen.

Praktischerweise hat es die Natur so eingerichtet, dass man nicht zurück kann und auch gar nicht will. Zumindest gilt das für die Mehrheit von uns. Ausnahmen wie Männer mit Beziehungsangst, ewige Junggesellen um die vierzig sowie Männer mit »sich wiederholendem« Familiengründungszwang lasse ich hier mal beiseite.

Von einem bestimmten Moment an merkst du, dass der Sex nach Terminkalender der Vergangenheit angehört und dass du und deine Frau bestimmt keine weiteren Kinder wollen. Schön war's, jetzt ist es Zeit für die nächste Phase. Die Phase »wir bezwecken nichts, wir haben einfach Spaß-Sex«.

In der Pubertät hattest du eine Heidenangst, dass deine Freundin schwanger werden könnte, während der Studienzeit kam die Angst vor Aids und anderen Geschlechtskrankheiten *on top*. Danach kam der »funktionale Sex«, um Nachwuchs zu zeugen. Und ab jetzt gehst du für den Rest deines Lebens mit deiner Liebsten nur noch ins Bett, um Spaß zu haben.

Spaß haben klingt gut, oder?

Deine Frau nimmt wieder die Pille oder greift zur Spirale, und du hantierst mit Kondomen oder lässt dich – wenn du hundert Prozent sicher bist – sterilisieren.

Frauen haben eindeutig den schwereren Part beim biologischen Teil der Familienplanung. Sie haben ab der Pubertät unter allerlei körperlichen Unannehmlichkeiten zu leiden. Noch halb Kind, schon halb Frau kommt der Schock des ersten Menstruationsblutes, es folgen unangenehme gynäkologische Untersuchungen und jeden Monat das Theater mit Tampons, Binden und Hormonen. Als Sahnehäubchen dann noch Schwangerschaft und Geburt.

Im Leben der Männer hingegen halten sich die Unannehmlichkeiten rund um den Schambereich doch sehr in Grenzen.

O ja, beinahe vergessen. Manche Männer werden im zarten

Kindesalter beschnitten. Knirpse aus jüdischem oder muslimischem Elternhaus kommen unters Messer. Punkt.

Ehrlich gesagt, hab ich das nie nachvollziehen können. Wenn Gott uns ohne Vorhaut gewollt hätte, dann hätte er uns bestimmt so geschaffen? Na ja, jeder nach seiner Fasson.

In Amerika werden übrigens auch sechzig Prozent der nicht-jüdischen und nicht-muslimischen Männer beschnitten. Aufgrund hygienischer Überlegungen, heißt es.

Ich bin ein sehr sauberer Mann. Meine Frau behauptet sogar, ich hätte eine Schmutzphobie, nun gut. Man könnte also meinen, dass mich das Hygiene-Argument dazu bringen sollte, mich und meinen Sohn ans Messer zu liefern.

Nur, warum sollte ich, wenn es eine gründliche Ganzkörperbehandlung unter der Dusche doch auch macht. Ich bin bestimmt nicht zu faul, hinter der Tür oder unter dem Teppich sauberzumachen. Warum sollte ich mich oder meinen Sohn also aufgrund hygienischer Überlegungen, die nichts mit mir zu tun haben, unters Messer legen? Doch von sich selbst auf den Rest der Menschheit zu schließen, geht meist nicht auf. Von meiner Frau und ihren befreundeten Geschlechtsgenossinnen weiß ich nämlich, dass eine gründliche Körperhygiene nicht bei allen Männern höchste Priorität hat. Vielleicht ist es also gar keine so schlechte Idee, all diese bequemen, etwas schlampigen Kerle zu beschneiden.

Wenn das Beschneiden bloß keine negativen Folgen hätte, Stichwort keratinisierte Eichel. Der Schutz der Hornhaut fällt weg, es kann daher passieren, dass sich auf der Eichel Hornhaut bildet, was wiederum die Sensibilität der Eichel vermindert. Nein, ich denke mir das nicht aus!!!

Außerdem sehr interessant: Die anfallenden Beschneidungsreste sind ein besonders wertvolles Recyclingmaterial. Aus einer Vorhaut lässt sich ein hautähnliches Kunstgewebe züchten, das in der Pharma- und Kosmetikindustrie verwendet wird.

In Amerika bringt eine Einheit gezüchtetes Hautersatzgewebe, aus Vorhaut wohlgemerkt, siebenhundert Dollar ein. *Big Business*, die kleine Vorhaut. Sie liefert ein Kunstgewebe in der Größe von sieben Fußballfeldern.

Ich finde das beeindruckend. Aus eigener Erfahrung weiß ich, dass die Vorhaut durchaus recht dehnbar ist, sie ist jedoch kein, sagen wir mal, Kissenbezug. Eine Vorhaut über einen Fußball zu ziehen, ist ja schon enorm, aber sie über sieben Fußballfelder zu strecken – unfassbar … Das Hautersatzgewebe wird vielseitig eingesetzt, beispielsweise zum Oprah Glücklichmachen. Wieso Oprah?

Aus all den Metern Vorhaut wird Collagen gewonnen. Antifaltencreme enthält Collagen, auch die von Oprahs Lieblingsmarke: SkinMedica. Oprah reibt also ihre von Fältchen betroffenen Hautpartien mit Vorhaut ein …

Zum Schluss noch ein anderer kleiner Eingriff, den ein Mann vornehmen lassen kann. Eine kleine Vasektomie ist doch das Mindeste, was ein Mann für seine Frau tun kann. Um zu beweisen, dass er durchaus bereit ist »ein Ei oder äh Steinchen« beizutragen, als Blutgeld sozusagen. Ein halbes Stündchen, und schon ist es erledigt. Die ersten Tage nach dem Schnippschnapp breitbeinig wie John Wayne durch die Gegend eiern, *that's it.* Ein relativ harmloser Eingriff mit weitreichenden Folgen.

Zugegeben, es ist ein etwas merkwürdiger Ablauf von Ereignissen. Du gründest eine Familie, musst deswegen plötzlich ein »Erwachsenenleben« führen, musst dich von allerlei Dingen verabschieden und dann sollst du dich, wenn du keine weiteren Kinder mehr willst, am besten von deiner »Männlichkeit«

trennen, im wahrsten Sinne des Wortes.

Du kennst bestimmt die Geschichten von Frauen, die mit Mitte dreißig ihren unentschlossenen Freund vor vollendete Tatsachen stellen: »Schatz, ich bin schwanger und ich bekomme das Kind auch, ob du willst oder nicht.« Oder von den Männern, die dem Kinderwunsch ihrer Frauen mit dem besagten Schnippschnapp eine Absage erteilen. »Mein Bauch gehört mir« in Balance mit »meine Bälle gehören mir«.

Es ist aber ziemlich gut geregelt so, die Familiengründung. Die Frau hat den Schlüssel für den Anfang einer Familie und der Mann den für die Fertigstellung.

Aber mal angenommen, das Leben läuft ganz anders als geplant und du machst keinen kleinen Schnitt. Bist du neidisch auf, sagen wir mal, Michael Douglas, der mit ungefähr sechzig nicht nur die fünfundzwanzig Jahre jüngere Catherine Zeta-Jones heiratete, sondern auch noch zwei Kinder mit ihr bekam? Bedenke jedoch: Michael liegt nicht im Bett auf Catherine, nein, er steht an der Wickelkommode und pudert einen Babypopo. Und sollte er nicht da stehen, dann liegt allein im Bett, weil sie beim Baby ist.

Aber die Wahrscheinlichkeit, dass du wie Michael Douglas wirst und eine bezaubernde, achtundzwanzigjährige Office Managerin bekommst, die aussieht wie Catherine Zeta-Jones, ist ziemlich klein.

Ich schreibe hier über *shock and awe* des Kinderkriegens, und jetzt merke ich, dass ich selbst noch nicht für die nächste Phase – die Zeit, wenn die Vierzig überschritten und die Kinder größer sind – bereit bin. Warum sollte ich auch? Ich habe mich gerade so schön an alles gewöhnt. Ich kann in *no time* drei Windeln wechseln, zwei Fläschchen geben und dabei ein Pixi-Buch vorlesen. Ich komme mit fünf Stunden Schlaf pro Nacht aus, ich kann die infantile Musik, die unaufhörlich aus Puppen und Spielcomputern quillt, und das Geschwafel bei der Mütterberatungsstelle total ignorieren. Halt, das Letzte ist gelogen. Ich werde mich wohl nie an den Blödsinn über Durchschnittswerte und Wachstumskurven gewöhnen.

»Ihr Kind muss sich innerhalb der Normwerte entwickeln!«

Nicht zum Mittelmaß zu gehören, das wünsch ich jedem Kind. Frei nach dem Motto: Nicht klammern, loslassen. Es ist wie Bungeejumping. Das Leben, ein Lehrstück in Sachen Loslassen.

WER FOLGT WEM?

#*Une belle histoire* MICHEL FUGAIN

Wir sind endlich auf dem Weg. Die komplette Familie hat es sich im Familienbus bequem gemacht. Ich bin ganz und gar in Anspruch genommen. Ein eigenes Leben führe ich nicht mehr. Nur mein Familienleben zählt. In den Niederlanden ist es immer noch ziemlich kalt, aber dort, wo wir hinwollen, nicht.

Vor einer Woche habe ich unser Auto zur ADAC-Inspektion gebracht und vier neue Reifen aufziehen lassen. Die Versicherungen wurden überprüft, die obligatorischen gelben Westen für die ganze Familie – und eine extra für den Fall, dass eine verloren geht – besorgt, Autobahnvignetten für jedes europäische Land, das Warndreieck, die Alkoholtester. Dann noch das Auto flimm-flamm-hups mit der Super-Pflege-Option durch die Waschstraße und den Tank voll bis zum Anschlag. Ich bin die Inkarnation des braven Bürgers, ich habe an allen Fronten aufgegeben und kapituliert.

Wir fahren nach Frankreich, zunächst für zwei Nächte irgendwo in der Dordogne und dann zu unserem eigentlichen Urlaubsort. Aber so weit sind wir noch nicht. Wir durchqueren zügig die Niederlande, in ein oder zwei Stunden werden wir die Grenze zu Belgien passieren.

Ich kann nicht widerstehen, ich muss in Waterloo haltmachen. Ich finde es immer wieder spannend, Napoleons Schlachtfeld zu besichtigen. Mein Herz klopft dann schneller. Bei meiner Frau und meinen Kindern ist es nicht so. Sie haben es jetzt mindestens fünfmal gesehen.

Der morbide Blick schweift über die Felder, wo am 18. Juni

1815 mehr als 50 000 Männer von ihren Pferden geschossen oder in Stücke gehauen wurden. Beeindruckend viel für einen Tag.

Rund viertausend holländische Patrioten kämpften unter dem Prinzen von Oranien an der Seite der englischen Truppen des Herzogs von Wellington sowie der Preußen unter Führung von Marschall Vorwärts Blücher. Der motivierte seine Soldaten mit den Worten: »Ehre bringt dem Soldaten die Tapferkeit, jedoch der Gehorsam und die strengste Manneszucht sind seine schönste Zierde.« Lese ich vor. Ja, wenn du so etwas sagst, liegst du auf keinen Fall schief. Meine Kinder laufen hinter mir her, während ich mit viel Enthusiasmus weiterlese.

»An der Stelle, wo der Prinz von Oranien von einem Musketenschuss in die linke Schulter getroffen wurde, erhebt sich auf einem Sockel ein 28 Tonnen schwerer, gusseiserner Löwe auf einem 45 Meter hohen Hügel. So ehrte der stolze Vater den Sohn.«

»Ja, Papa, super stolz von ihm, aber wir wollen gehen.«

»Schaut mal, das sind die Insignien der Oranier. Das ist was anderes als unser König Willem Alexander, der mit dem Kastenfahrrad herumfährt, um zu zeigen, wie ›nett und normal‹ die königliche Familie ist.«

»Papaaah, komm jetzt …, wir kennen diese Geschichte schon …, lass uns weiterfahren.«

Die Franzosen sind vor zweihundert Jahren besiegt worden, und jetzt machen wir hier Urlaub. Die Holländer tun das seit Jahren massenhaft.

Die niederländischen Touristen kann man prinzipiell in zwei Gruppen teilen: die Familie im Volvo mit einem Dachkoffer auf dem Weg zu einer Ferienwohnung und den traditionellen Hobby-Camper mit seinem Caravan. Nein, liebe deutsche Freunde, nicht jeder Holländer hat ein mobiles Schneckenhaus.

Nein, nicht jeder Holländer, aber meine Eltern und all meine Onkel und Tanten. Mein Vater war ein Camper und wir mussten mitmachen, als handele es sich um eine Art Straflager.

Der durchschnittliche Wohnwagen ist mit Regenbogenstreifen und Namen wie »Hobby«, »Prestige«, »Deluxe« oder »Chateau« geschmückt, aber ich kann mich vor allem an den Geruch erinnern. Diesen einzigartigen Parfüm-Mix aus Lederbezügen, alten Knabbernüssen und verstopften Abflüssen.

»Ich muss mal …«, höre ich hinter mir.

»Ich habe Hunger …«, ruft Catoo gleich darauf.

Ich nehme die Ausfahrt Aire de Vémars.

Osteuropäische Familien grillen auf nassem Rasen neben dem Asphalt, hängen Wäsche auf und schreien sich gegenseitig an. Die vierjährige Catoo fragt, warum die Leute streiten.

»Nein, Catoo, die reden nur.«

In den Fahrerkabinen der geparkten Lastwagen sitzen einsame Männer und rauchen. Stiernacken in Lederjacken.

Im Restaurant werfe ich einen Blick auf die matschigen Sandwiches in der Vitrine.

»Essen vom Fließband«, sage ich zu meiner Frau. »Schatz, es ist Urlaub. Wir machen eine kleine D-Tour, wir essen im Café de la Paix in Paris zu Mittag.«

Zu meiner großen Überraschung hält sie das für eine ausgezeichnete Idee. Eine halbe Stunde später fahren wir durch das Stadtzentrum von Paris. »Papa, der Eiffelturm!«

Ich parke das Auto vor dem Restaurant, alles ist in Ordnung. Obwohl wir wie alle Holländer Flip-Flops an den Füßen tragen, werden wir sofort von dem älteren Kellner zu einem edel eingedeckten Tisch geführt. In Paris hat man eben Stil!

Steife Leinentischdecken, Kristallgläser und silberne Brotkörbe.

»Avez vous escargots?«, frage ich.

Nein, leider haben sie keine Schnecken, aber im Nu stehen frische Baguettes, Salat und Steaks à la minute vor uns. Ich gönne mir ein Glas Wein, sehe den Mädchen beim Essen zu. Ein Gefühl des Glücks fließt durch meine Adern.

Leentje stupst mich an. »Papa, da ist eine Schnecke auf meinem Salat.«

Ich lache über ihren Witz, das macht man als Vater so. Dann aber erblicke ich die riesige Schnecke, die auf ihrem Teller über den Feldsalat gleitet. Mit Haus.

»Boah«, sagt Fien.

Ich greife mir das Tier, aber das ist keine gute Idee. Ein glibbrig-glänzender Schleimfaden hängt nun zwischen Schnecke und Teller.

»Igitt, das sieht aus wie Rotz!«, ruft Catoo laut aus.

Der Kellner eilt herbei. Die halbleeren Teller werden abgeräumt, wir kriegen eine Tasse Kaffee aufs Haus und sind nach fünf Minuten draußen. Mit der Rechnung. Wo der »Salat bien composé« natürlich draufsteht.

»Keine Schnecken? … dabei haben wir sie doch bezahlt«, brummle ich, als wir auf den Boulevard Périphérique einbiegen und plötzlich zum Stehen kommen. Im Schritttempo kriechen wir über die Ringstraße von Paris. Ich schaue zur Seite, der Pariser Pendler raucht gerne im Auto, das wird mir klar. Zu Beginn des Tages eine Zigarette – was für ein Genuss. Danach sieht es bei den Büroleuten aber nicht aus, die sich unter einem undichten Vordach neben einem Fahrradschuppen zusammendrängeln. Nein, ich denke an französische Schauspieler wie Alain Delon und Jean-Paul Belmondo in einer Edward-Hopper-Atmosphäre.

An einer Bar, mit einer Zigarette und einem halbvollen Glas.

Ich hingegen stehe in grauen Rauchwolken auf der Pariser Ringstraße in einer endlosen Reihe von Autos mit erschöpften, ausgelaugten Angestellten. In Reih und Glied schieben sie sich nach Hause.

»Wie lange dauert es noch, Papa?«, fragt Leentje.

»Ich will Pommes mit Steak.« Catoo weint schon.

Mir wären Käse und Wurst lieber, serviert auf einem Brettchen, dazu Baguette und einen schönen Landwein, und danach würde ich mich ganz Frau Ragas widmen.

»Nur noch ein paar Stunden, Leute.«

Wir sind alle zuversichtlich, jeder von uns aus einem anderen Grund, als wir um acht Uhr in das Dorf einfahren, wo wir zwei Nächte bleiben werden. Saint-Félix-de-Reillac-et-Mortemart. Netter Name für einen Weiler mit nicht mal zweihundert Einwohnern. Das klingt ganz anders als das niederländische Lutjebroek oder das deutsche Darmstadt und Kotzen.

Obwohl der ganze Ort nur aus einem Platz und fünf Straßen besteht, fahren wir dreimal durchs Dorf, bis wir das schiefe Schild am Straßenrand erblicken: »Maison impériale«.

Am Ende der moddrigen Auffahrt stehen einige Steinhäuser. Ich parke das Auto neben einem Traktor und frage mich, warum wir hier gebucht haben. Vermutlich wegen des imperialen Namens, aber hier gibt es weit und breit nichts Imperiales zu sehen.

Trotzdem: Das goldene Abendlicht ist wunderschön, und die Kinder stieben in alle Richtungen davon.

Das Hotel besteht aus einer Reihe von kleinen französischen Häusern, die um einen Platz im Halbkreis herum gebaut wurden. Vor dem größten Haus liegen zwei Katzen auf einer Steintreppe in der Abendsonne. Die Fenster des Hauses haben dunkelgrüne Fensterläden, von denen die Farbe abblättert. Die große, dunkelbraune, hölzerne Doppeltür des Gebäudes steht offen.

Im Inneren ist es stockfinster.

»Bonsoir, il y a quelqu'un …«, versuche ich es mit meinem holprigen Französisch.

»Bonsoir«, höre ich jemanden sagen, und ein Hund bellt wütend.

»Bonaparte fini, vas dans ton coin!«

Meine Augen gewöhnen sich an das Licht, und ich kann einen schwanzwedelnden Jack Russell erkennen, der meine Beine umkreist. In der Mitte des weitläufigen Raumes steht ein Schreibtisch, an dem ein rauchender alter Mann sitzt, kaum zu sehen hinter Bergen von Papier, in seinem Rücken ein hölzerner Aktenschrank mit einer großen elfenbeinernen Büste Napoleons.

Zum Glück muss ich dem Hotelier nicht viel erklären. Ich gebe ihm unser A4-Formular. Er lässt sich Zeit, studiert es gründlich, murmelt etwas vor sich hin und sagt dann endlich: »Ah, oui, bien sûr.«

Der Mann erhebt sich aus seinem abgewetzten Bürostuhl, drückt routiniert seine Kippe in einem überquellenden Aschenbecher aus und schlurft in seinen Lederpantoffeln los. Bonaparte, sein Jack Russell, folgt ihm. Ich schließe mich ihnen an, so habe ich ihn verstanden.

An den Häusern vorbei stolpert der Hotelier einen Hügel hinauf zu einer großen Holzscheune. Meine Frau, die Kinder und ich im Gänsemarsch hinterher.

Er öffnet die Scheunentür. Auf den ersten Blick scheint der riesige Raum leer zu sein, hier und da liegt Stroh auf dem Steinboden. An der hinteren Wand entdecke ich drei Etagenbetten und einen Heizstrahler. Meine Hoffnung auf eine erste romantische französische Nacht verflüchtigt sich schlagartig.

»Voilà …«, präsentiert uns der Wirt die Unterkunft.

»Nicht wirklich, oder? Sag mal, Papa, müssen wir jetzt klatschen?«, fragt Sem.

»Eh, c'est nais une eh, du ne comprand pas … eh .. ou est notre chambres?«, stammle ich.

Der Gastgeber sieht mich verständnislos an. »Sechs Personen? Nein!« Er schüttelt den Kopf und schlurft aus der Scheune. Der kaiserliche Hund schleicht ihm hinterher.

Ich sehe meine Frau an und sage fröhlich: »Leute, was für ein beeindruckender Ort! Kommt, wir lassen unsere Sachen hier und suchen uns ein Restaurant in der Nachbarschaft.«

»Jaaaa, Pommes mit Steak«, ruft Catoo und läuft mit den anderen hinaus. Ich lasse meine braune Ledertasche von der Schulter gleiten, um sie auf der Matratze eines der Etagenbetten abzulegen. Ich muss meinen Kopf einziehen, damit ich mich nicht an den Spiralen des oberen Bettes stoße. Als ich aufblicke, nehme ich das gigantische Gebälk der Scheune wahr. Die dicken Eichenbalken werden von einer einzigen Glühbirne beleuchtet. Es ist fast wie auf einem Edward-Hopper-Gemälde.

Ich raffe mich auf und folge meiner Familie nach draußen. Was anderes kannst du als Vater gar nicht machen.

Einfach nur folgen.

SCHWARZER SAMSTAG

#*Mamy blue* ROGER WHITTAKER

Alle guten Sachen kommen zu einem Ende. Auch die Sommerferien.

»Schwarzer Samstag – schwärzer als je zuvor« steht in schokoladenbraunen Buchstaben auf der Titelseite der Boulevardzeitung. Naja, irgendwas müssen die doch schreiben, oder? Es ist das letzte Exemplar im Regal des Tabakladens in Lourmarin. Wir müssen nach Hause, denn nach diesem Wochenende beginnt die Schule wieder. Der Urlaub ist vorbei.

Wir sind schon eine Weile unterwegs, von der vorausgesagten Reisewelle ist nichts zu merken.

Unser Familienbus droht aus allen Nähten zu platzen. Die gesetzlich vorgeschriebenen gelben Westen für die ganze Familie, das Warndreieck und die Alkoholtester sind unauffindbar, dafür liegen die Stein-, Stock- und Muschelsammlungen wie explodierte Streubomben in unserem Auto herum. Die halbe Strecke haben wir hinter uns, und es läuft gut. Schwarzer Samstag, warum? Wir haben Saarbrücken bereits passiert.

Im Vergleich zu meiner Opel-Kadett-Zeit mit den schweißtreibenden Lederbezügen und fetzigen Aufklebern ist das Reisen jetzt ein Kinderspiel. Auto auf Tempomat, Klimaanlage an, und die Kinder auf den Rücksitzen hören eine CD. Es läuft eine Coverversion von John Denvers *I'm leaving on a jetplane, don't know when I'll be back again.*

»Oh, sieh nur«, sagt Tooske mitleidig und zeigt auf eine holländische Familie, die am Straßenrand gestrandet ist. Die Familie hängt an der Leitplanke. Der halb ausgepackte Hausrat neben dem alten Volvo sagt mir, dass sie schon längere Zeit auf Hilfe warten.

»Na ja, haha, Spaß ist was anderes …«, rufe ich. »Marjaaa, mit so einem Auto ist das Leben ein großes Abenteuer, hahaha.«

Tooske sieht mich mit ihrem Typen-wie-du-können-nicht-anders-Blick an. Wir werden noch einen Tag fahren, nehmen es locker, und dann sind wir zu Hause. Ich will gar nicht daran denken, was nach dem Urlaub abläuft: Auto putzen, Sachen waschen, die Stapel unsinniger Postsendungen durchgehen – Rechnungen, Mahnungen, längst hinfällige Einladungen – und Berge von Zeitungen und Werbeprospekten entsorgen.

Deshalb rufe ich mal wieder: »Hey Leute, wer will ein Eis?« Und das kommt prima an. Wir halten an der nächsten Raststätte, draußen ist es immer noch sehr heiß.

Die Kinder schlecken süßes Eis, Tooske und ich trinken Kaffee. Nach diesem Boxenstopp müssen wir noch ein oder zwei Stunden fahren, bevor wir unser Motel erreichen. Ich wollte auf einen Ritt nach Hause fahren, aber Frau Ragas war so klug, auf halbem Wege ein Übernachtung zu buchen. »Wir machen einen kleinen Umweg über Deutschland, genügend Zeit haben wir noch.«

Wir steigen wieder in den Bus – für die letzte Etappe heute. Die Mädchen hören die CD »Die Schöne und das Biest«, Sem spielt auf seinem Handy, und wir werden jetzt den Ort unserer letzten Übernachtung ansteuern. Mir ist nach einem großen deutschen Bier.

»Was für ein schönes Auto wir doch haben, Schatz«, sage ich aufgekratzt zu meiner Frau, als ich den Motor anlasse.

»Ja, Liebling«, antwortet sie verhalten. Was soll eine Frau auch sagen, wenn sich ihr Ehemann plötzlich mit seinem Auto wichtig macht.

Wir fahren von der Ausfahrt auf die Autobahn, und ich merke, dass der Motor auf einmal seltsam klingt. Egal wie sehr ich aufs Gaspedal trete, wir werden nicht schneller. Über achtzig Stundenkilometer kommen wir nicht hinaus. Auf dem Armaturenbrett leuchten ein orangefarbenes (noch nicht schlimm!) und ein rotes Signal (das geht nicht gut!) auf, und dann setzt ein ohrenbetäubender Fiepton ein.

»Oh, da ist etwas nicht ganz in Ordnung«, murmele ich, um keinen Stress zu verursachen.

Zum Glück ist der nächste Parkplatz schon in Sicht. Aus dem Augenwinkel nehme ich wahr, wie Tooske mich fragend ansieht, und werfe ihr meinen Keine-Sorge-Macho-Papa-hat-alles-im-Griff-Blick zu. Gleich nach der Ausfahrt schaltet sich der Motor ganz aus und die Servolenkung funktioniert nicht mehr. Sanft ausrollend kommen wir zum Stehen.

Auf dem Rücksitz höre ich unsere Töchter fröhlich singen, die Stimmung ist immer noch gut. Noch.

Draußen herrschen fünfunddreißig Grad, und wir stehen still. Tödlich still. Ich sehe mich um, der Parkplatz ist leer bis auf einen rumänischen Lastwagenfahrer.

Ich habe alles berücksichtigt, was ein braver Bürgersmann an Ferienvorbereitungen treffen muss, und nun geht es im letzten Moment doch noch schief! Zusammen mit meiner Familie stehe ich am Rande einer deutschen Autobahn, und unser Familienbus, unser Löwe, hat den Willen aufgegeben, durch Europa zu ziehen.

Ich fühle mich betrogen. Ja, ich war nicht immer begeistert von dem Ding (»Das ist kein Auto, das ist ein Flixbus!«), aber im Laufe der Zeit habe ich aufgehört zu meckern – bis jetzt. Wir stehen auf einem nahezu menschenleeren Parkplatz ohne Schatten neben einer Autobahn, und der Verkehr zischt an uns vorbei.

»Was ist los, Papa?«, fragt Catoo auf dem Rücksitz. Ich denke an eine Szene aus dem Film »Titanic«, in der das Schiff auf dem verhängnisvollen Eisberg hängt und ein Kind seinen Eltern die gleiche Frage stellt. Die Eltern antworten: »Nichts ist, Baby, geh einfach wieder schlafen.« So mache ich es auch.

»Es ist nichts passiert, Mädchen, alles ist gut.«

Auch wenn ich es noch nie in Anspruch genommen habe, ich bin Mitglied des VIP-Garantiefonds unserer Automarke. Und das ist nicht nichts!

Seit fünf Jahren trage ich die VIP-Karte in meiner Brieftasche, ein schwarz glänzendes Ding mit goldenen Buchstaben, und jetzt wird es uns helfen. Ich kann mich noch genau daran erinnern, was der Autohändler mir damals sagte: »Ein Anruf, Herr Ragas, und wir kommen und holen Sie als VIP ab.«

Man muss überhaupt keine very important Person sein, um ein very important Problem zu haben.

Ich gebe die internationale VIP-Nummer ein und navigiere mich durchs Menü. »Key 8 für VIP-Kunden. Bester Service. Hilfe kommt sofort.«

In der Ferne sehe ich unsere Kinder hintereinander herrennen, meine Frau sitzt mit geschlossenen Augen auf einer Bordsteinkante in der Sonne. Das Vertrauen, das sie in mich hat, bereitet mir ein mulmiges Gefühl. Am Telefon höre ich eine Computermusik, die für Entspannung beim VIP-Kunden sorgen soll. Klappt bei mir aber nicht so ganz.

»Guten Tag, Herr Ragas, hier ist Suzy, Ihre Mitarbeiterin des VIP-Garantiefonds, wie kann ich Ihnen helfen?«

Ich erkläre Suzy mein Problem: dass ich mitten in Deutschland, in der kochenden Sonne, mit meiner Frau und vier kleinen Kindern festliege. Mit dem Scherz: »Und, Suzy, noch eine

Weile, dann können wir sie auf der Motorhaube grillen« versuche ich, die Atmosphäre aufzulockern.

»Ähm, Herr Ragas, wie lange haben Sie Ihr Auto schon?«

Ich erzähle Suzy, dass ich seit rund fünf Jahren unsere Familie damit durch die Gegend kutschiere.

»Oh«, höre ich Suzy sagen. Es folgt eine lange Stille, und in mir steigt eine böse Ahnung auf.

»Herr Ragas, ja, Entschuldigung, aber Ihre Garantie ist natürlich schon längst abgelaufen. Das VIP-Programm gilt nur in den ersten zwei Jahren.«

Suzys Stimme klingt plötzlich viel weniger freundlich. »Kann ich Ihnen mit irgendetwas anderem helfen, Herr Ragas?«, sagt sie kurz angebunden.

Ich frage mich, warum sie das fragt, obwohl sie bereits weiß, dass sie nichts mehr für mich tun kann und will. Ich überlege, Suzy zu erklären, dass ich wirklich berechtigt bin, Hilfe in Anspruch zu nehmen. Die jahrelange VIP-Treue muss sich doch gottverdammt noch mal auszahlen! Aber ich verstehe jetzt, dass ich alle zwei Jahre ein neues Autos hätte kaufen müssen, um ein echter VIP zu sein. Ich mag Suzy, der-so-freundlich-klingenden-weil-so-makellos-perfekt-ausgebildeten-aber-widerlich-förmlich-militaristisch-bürokratischen Person nicht die Freude bereiten, wie ein Wicht um Hilfe zu betteln. Ich spüre, wie mir der Schweiß in Strömen ausbricht, und möchte ihr tatsächlich die Wahrheit sagen, aber dafür bin ich zu feige.

»O Suzy, ist schon gut, ich werde etwas anderes arrangieren, auf Wiedersehen.«

›Auf Wiedersehen?‹ Warum? Sie ist am Telefon und ich sehe sie jetzt nicht und nie wieder.

Innerhalb von zwei Jahren bist du von der *Very Important Person* auf den Status mieser Fahrer herabgesunken. Aber es gibt keinen Grund, in ein Loch zu fallen. Ich bin seit Jahren Mitglied unserer nationalen Pannenhilfe. Und selbstverständlich habe ich alle Optionen im Gold-Abonnement, von »Ersatztransport« bis »Hilfe im Ausland«.

Ich wähle die Notrufnummer, und keine Frage: Jetzt kommt alles in Ordnung. Es dauert zehn Minuten, bis ich einem Mitarbeiter mein Geburtsdatum, meine Registriernummer und meine Mitgliedskartennummer durchgeben kann, dann bekomme ich zu hören: »Wir sind heute sehr beschäftigt, aber Sie werden sofort von unserer deutschen Schwesterorganisation zurückgerufen. Sie wird in unserem Auftrag für Sie und Ihre Familie alles perfekt arrangieren.«

»Ja, klar«, antworte ich, »beschäftigt, ich verstehe, schließlich ist heute Schwarzer Samstag.«

»Wann fahren wir weiter, Papa?«

»Gleich, Schatz, gleich. – Leute, lasst den Motor aus, wir haben keinen Diesel mehr.«

»Aber draußen ist es wirklich heiß, Papa, ich möchte die Klimaanlage einschalten.«

Ich sehe Tooske mit einem beruhigenden Blick an, aber sie ist nicht sauer und sagt: »Schatz, was haben sie dir gesagt, wann werden sie kommen und uns abholen?«

»Bald, mein Liebling, ich … ich erwarte jederzeit einen Anruf.«

Zwanzig Minuten später versuche ich, unseren nationalen Rettungsdienst anzurufen, aber diesmal verirre ich mich im Labyrinth des Wahlmenüs.

Eine Stunde später bekomme ich endlich einen Anruf vom deutschen Reparaturdienst. Zum Glück ist mein Deutsch okay. Zumindest auf Rudi-Carrell-Niveau.

»Ich denke, dass ich in drei Stunden bei Ihnen bin«, sagt der Mechaniker. Drei Stunden.

Sagte er drei Stunden? Das habe ich mit meinen Rudi-Carrell-Kenntnissen der deutschen Sprache leider prima verstanden.

Auf dem Parkplatz lenkt Tooske die Kinder mit Erdnüssen und Apfelsaftpäckchen ab, solange es unsere Vorräte hergeben.

Es ist Samstag, drei Uhr nachmittags. Gegen sieben Uhr könnten wir wieder auf der Straße sein, zumindest wenn unser Bus vor Ort repariert werden kann. Aber diese Aussicht erscheint mir nicht sehr wahrscheinlich. Vielleicht ist es sinnvoll, im Voraus einen Ersatztransport zu organisieren, sonst müssen wir später darauf warten.

Ich rufe meine Freunde von der großen Vereinigung in den Niederlanden an, gebe sechsmal meine Mitgliedsnummer und mein Geburtsdatum an und lande endlich bei einem Verflixter-Schwarzer-Samstag-Mitarbeiter. Ich erkläre ihm, dass ich den Ersatztransport im Voraus reservieren möchte.

»Herr Ragas, ja, ich verstehe Ihren Wunsch, aber leider wissen wir nicht, wohin man Sie abschleppen wird.«

»Sie sind immer noch in Kontakt mit Ihrer deutschen Schwesterorganisation, die in Ihrem Auftrag für mich und meine Familie alles so perfekt arrangiert?«, frage ich.

»Ja, aber um für Sie einen Ersatztransport zu bestellen, muss ich erst nachweisen, dass Sie nicht innerhalb von achtundvierzig Stunden wieder fahrtüchtig sind.«

»Achtundvierzig Stunden?«

»Ja, andernfalls wird der Ersatztransport von uns nicht erstattet.«

Ich spüre das Blut in meinen Ohren rauschen.

»Ich muss drei Stunden warten, bis ich abgeschleppt werde, an einen Ort, den Sie nicht kennen, also muss ich vielleicht zwei Tage lang mit meiner ganzen Familie dort campen, um zu sehen, ob unser Auto innerhalb von achtundvierzig Stunden repariert werden kann. Sollte das nicht der Fall sein, und die Wahrscheinlichkeit ist groß, denn morgen ist Sonntag, dann bekommen wir am Montag ein Ersatzauto, sodass meine Kinder irgendwann am Ende des ersten Schultages in den Niederlanden ankommen. Ist das Ihr Vorschlag?« Ich brülle durch das Telefon.

»Also, Herr Ragas, Sie haben keinen Grund, so mit mir zu reden. Wir geben unser Bestes.«

Ich lasse mich in meinen kochend heißen Autositz sinken. ›Wir geben unser Bestes …‹ Jetzt sind wir bei diesem Ton angekommen: ›Trotz der Tatsache, dass ich nichts für dich tun kann und du jetzt feststellst, dass du schon seit Jahren für einen total absurden GOLD-Super-Plus-Vertrag zahlst, sorge ich mit meinem sehr angenehmen, professionell-empathischen Ton dafür, dass du nicht sauer wirst und genau das tust, was wir wollen. Nämlich Jahr für Jahr dein Geld überweisen für das beruhigende Gefühl, dass du deine Angelegenheiten richtig geordnet hast. Obwohl du jetzt weißt, dass das völliger Unsinn ist.‹

Ich komme mir vor wie Michael Douglas in dem Film »Ein ganz normaler Tag«. Ich atme tief durch und versuche, mich unter Kontrolle zu bekommen und in rein geschäftsmäßigem Ton zu fragen: »Also ist es besser, wenn ich jetzt einen Abschleppwagen rufe und ein Auto miete?»

»Ja, das ist natürlich auch eine Möglichkeit. Wenn Sie möchten, können Sie das machen.«

Die Aussicht, selbst nach dem ADAC zu suchen, dann genau zu erklären, wo wir stehen und was ich will, lässt mich in meinem Groll entscheiden, auf den Schwesternservice meiner niederländischen Freunde zu warten.

Das Warten dauert länger als gedacht, fünf Stunden später fährt endlich ein Abschleppwagen auf unseren Parkplatz.

Der Mechaniker mittleren Alters, in blauem Overall und mit einem Walross-Bart, sieht es nach einem kurzen Blick: Unser Familienbus kann nicht vor Ort repariert werden. Er schleppt uns ab zu seiner Garage auf einem Industriegelände.

Während der Fahrt merke ich, dass mich der Mann von Zeit zu Zeit anschaut, und dann kommt die Frage. »Ich kenne dich irgendwie? Woher bloß?«

Ich versuche, es zu übergehen, aber der Mechaniker bleibt dran. Schließlich sage ich, dass ich hin und wieder in Deutschland im Fernsehen auftrete.

»Oh, mit was denn?« Er besteht weiter darauf.

»›Let's dance‹, ›Gut geschätzt gewinnt‹ und mit Caught in the Act«, antworte ich mürrisch.

»Ach so, nee, das sagt mir nichts«, brummt er.

Dann wird es still im Auto.

Die Mädchen und Sem sitzen hoch im Abschleppwagen und finden alles sehr interessant.

Es dämmert bereits, als wir im Industriegebiet ankommen. Ich schaue mich um und frage mich, wo wir heute Nacht schlafen sollen. Ich sehe kein Hotel, dafür aber eine weltberühmte amerikanische Autovermietung. Das ist gut. Aber ein Telefongespräch mit meinen holländischen Freunden über sechs Auswahlmenüs holt mich auf den Boden der Tatsachen zurück. »Nein, tut mir leid, wir machen keine Geschäfte mit dieser Firma. Wenn Sie ein wenig Geduld haben, Herr Ragas, werden wir von Suppi Duppi ein passendes Auto für Sie anfordern.«

Der Mechaniker schließt seine Garage ab. Heute passiert gar nichts mehr, erst übermorgen, am Montag, wird sich das erfahrene Walross unser Auto vornehmen. Tooske und ich füllen schnell eine Tasche mit ein paar Sachen für die Nacht.

Die Mädchen gähnen.

Der Mechaniker ruft ein Taxi für uns an und erklärt dem Fahrer, wo die Autovermietung »Suppi Duppi – das richtige Auto für jedes Budget« zu finden ist. Wir quetschen uns zu sechst in ein Taxi. Eines der Kinder fängt an zu weinen, Catoo schläft bereits auf dem Schoß ihrer Mutter und Sem hat schon eine ganze Weile nichts mehr gesagt. Ich starre aus dem Fenster.

Ein Container-Gebäude mitten auf einem riesigen, fast leeren Parkplatz entpuppt sich als Büro der Firma Suppi Duppi. Eine andere Familie steht vor dem Schreibtisch, sie sind auch Holländer. Im Bruchteil einer Sekunde erkenne ich sie, es ist die gestrandete Familie, die wir auf der Autobahn gesehen haben. Meine Schadenfreude vom Nachmittag hat sich in Selbstmitleid verwandelt. Die Familie verlässt die Hütte mit einem Autoschlüssel in der Hand.

Meine Frau erklärt dem Mitarbeiter, dass eine Anfrage für einen Mietwagen vorliegen muss.

»Entschuldigung, wir haben noch kein Antrag erhalten.«

Ich rufe in den Niederlanden an, spreche mit der fünfzehnten Kontaktperson. »Herr Ragas, der Antrag läuft über die Zentrale in Berlin, Sie müssen etwas Geduld haben.«

Etwas Geduld …

Hinter dem Schreibtisch hängt eine Uhr, es ist Viertel vor zehn. Meine ganze Familie sitzt erschöpft auf einer abgerissenen Couch. Durch das Fenster hinter ihnen sehe ich den ausgestorbenen, dunklen Parkplatz. Mitten darauf, im Licht einer Laterne, steht ein grauer Van, Typ polnischer Bauarbeiterbus.

»Hey, Suppi Duppi, der Bus ist für uns«, sage ich enthusiastisch zu dem Mann am Schreibtisch und zücke mein Portemonnaie. Meine Kreditkarte und der Führerschein öffnen mehr Türen als jede VIP- oder Clubkarte.

»Kommt schon, Leute, auf geht's.«

Mit weitausholenden Armbewegungen dirigiere ich meine Familie zum Van.

»Papa, gehört diese Zeitung dir?«, fragt Sem und hält ein zerknittertes Exemplar hoch.

»Nein, Schatz, die haben die Leute vor uns zurückgelassen«, sagt Tooske.

Ich gehe mit Leentje über der Schulter zum Auto und werfe einen Blick auf die Zeitung. Ich erkenne die Schlagzeile.

»Schwarzer Samstag – schwärzer als je zuvor.«

BEAR CHAIR

#Paparazzi XZIBIT

Die andere Seite des Bettes ist leer. Meine Frau ist schon aufgestanden und hat mich, den Patienten, noch ein paar Minuten schlafen lassen.

Vor fünf Wochen, an einem Sonntagmorgen, als ich im Garten einen Baum fällte, ist es passiert. Der Baum blieb stehen, ich fiel um. Es schoss in meinen Rücken wie ein Blitz, messerscharf. Ich konnte mich nicht mehr bewegen.

Auf der Bühne, wenn ich in viel Licht und sehr viel Nebel stehe, bin ich ein Popstar, aber an einem regnerischen Tag in einem holländischen Garten wirkt die Magie leider nicht … überhaupt nicht.

Krumm wie eine hundertjährige toskanische Großmutter schleppte ich mich den Dünenweg zur Hintertür hinauf und stützte mich bei jedem Schritt auf eine Schaufel. Meine Frau stand hinter der Küchentheke und schnitt Gemüse. In ihrem Gesicht konnte ich eine Mischung aus Müdigkeit und Mitgefühl erkennen. Aber sie sagte nichts. Das ist genau, was Frauen können, sie sagen nichts, sie gucken nur.

Ich cancelte all meine Termine mit einer Ausrede: »Ich habe die Grippe, es hat mich erwischt«, und legte mich stöhnend ins Bett. Was wirklich passiert war, wollte ich nicht erzählen. Menschen in meinem Beruf wollen keine wahren Geschichten preisgeben, sie wollen mit Popstars und Filmhelden arbeiten, denen nichts etwas anhaben kann und die immer top aussehen. Wenn die Leute von der Boulevardpresse irgendeine Misere hören wollen, dann muss es »richtig groß« sein.

Weinsteins Sexskandale, Boris Beckers Bankrott, Michael Jacksons Kinderpartys und solche Geschichten. Unter dem geht es nicht. Ein Vierzigjähriger, der mit schiefem Rücken rumläuft, ist einfach nur normal und ein *Loser*.

Nachdem ich mich über zwei Wochen so hingeschleppt hatte, sollte ein Chiropraktiker das Problem lösen. Zumindest gab mir einer meiner sehr sportlichen Freunde diesen Rat. »Er ist wirklich gut, ich bin seit Jahren bei ihm.« Nicht gerade die beste Empfehlung, dachte ich, aber ich dankte ihm und nickte hoffnungsvoll.

»Bas, deine Iliosakralgelenke tun nicht, was sie tun müssten. Du solltest mehr Sport treiben und weniger sitzen.«

»Kann es nicht umgekehrt sein?«, fragte ich, aber der Chiropraktiker fand das nicht lustig. Seine Ansage »Ärger mit den Gelenken haben viele Menschen in deinem Alter« fand wiederum ich nicht lustig.

»Und? Was hat der Arzt gesagt?«, fragte meine Frau und tat aufgeregt, als ich wieder nach Hause kam.

»Bah, der Mann ist überhaupt kein richtiger Arzt. Chiropraktiker ist ein freier und offiziell nicht anerkannter Beruf in den Niederlanden. Der kann alles Mögliche sagen.«

»Wenn es egal ist, was er sagt, kannst du es mir auch erzählen.«

»Ich soll mehr Sport treiben«, murmelte ich.

Der stechende Schmerz im unteren Rücken hält mich jede Nacht wach. Der Sport der letzten Wochen hilft kaum. Jedes Mal, wenn ich mich umdrehe, fühlt es sich an, als würde mir jemand eine glühende Hummergabel in die Nervenbahnen rammen.

Ich lasse meine Beine aus dem Bett gleiten und hoffe, dass der Rest meines Körpers ohne Schmerzen folgt. Das passiert nicht, aber immerhin stehe ich auf dem Boden, mein Rücken hält sich in einem Fünfundvierzig-Grad-Winkel. Ich versuche, mich vor dem Spiegel aufzurichten, aber es klappt nicht. Meine linke Hälfte hängt so weit nach links, dass sich meine rechte Schulter über meiner linken Hüfte befindet.

Der Ganzkörperspiegel neben unserem Kleiderschrank zeigt mir, wer ich bin: ein etwas zu weißer, zu dicker, zu krummer Vierzigjähriger. Das Muskelgewebe, das ich in meiner Caught-in-the-Act-Zeit vorweisen konnte, hat sich in sehr viel formloses Fett verwandelt. Mein Gesicht kriegt langsam so einen schläf-rig-schlappen Ausdruck, ich sehe aus wie eine Kreuzung zwischen Winston Churchill und Horst Tappert. Ich blicke mir im Spiegel direkt in die Augen und atme tief durch. Nur meine Haare trotzen dem Zahn der Zeit, aber das ist wirklich das Einzige.

Ich tapse in die Küche, schneide ein paar Äpfel, schäle eine Mandarine und bereite die Teller und Tassen für unsere Zwerge vor.

»Hey Papa«, höre ich ein Stimmchen hinter mir. Der offene, erwartungsvolle Blick meiner mittleren Tochter Fien macht mir Mut.

»Bringst du sie zur Schule oder ich?«, fragt meine Frau beim Frühstück.

»Ich bringe sie, Schatz.«

Sem ist schon mit seinem schweren Rucksack losgezogen. »Bis heute Nachmittag, Papa.«

»Kommt schon, Mädchen, Schuhe und Jacken und Taschen.«

Ich muss so viel wie möglich stehen, dann ist der Schmerz am geringsten. Seltsamerweise ist Radfahren kein Problem, solange ich keinen Hügel erklimmen muss.

Nachdem ich die Kinder in der Schule abgesetzt habe, radle ich langsam nach Hause. »Es geht schon viel, viel besser, man sieht es!« An unserem Garten angekommen, versuche ich, den Dünenhügel hinaufzufahren. Auf halbem Wege entlang der unbefestigten Straße falle ich in die Rhododendron-Büsche. Wie ein großer weißer Fisch, der in einem Netz gefangen ist, zapple ich hoffnunglos in dem Grün. Ich lasse mich aus dem Busch rollen und schleiche den Gartenweg hinauf.

Auf der Terrasse setzt sich Big Daddy mit einem Eisbeutel im Rücken in einen Bear Chair und wartet auf seinen Trainer Kasper. Dieser Stuhl ist das Gegenteil von dem, was ich bin. Der Stuhl ist stark und leicht, mein Körper hingegen schlaff und viel zu schwer. Ich wäre gerne auch aus Zedernholz gemacht.

Ich war lange Zeit sehr schlank. Wenn ich Bilder von Caught in the Act aus den neunziger Jahren sehe, frage ich mich, ob ich damals überhaupt etwas gegessen habe. Kein Wunder, dass wir diese mädchenhaften, kurzen T-Shirts trugen, die passten wenigstens. Ein Herren T-Shirt selbst in Größe XXS hätte am Körper geschlabbert. Diese Zeiten sind vorbei. Seit meinem dreißigsten Lebensjahr kamen auf wundersame Weise zwanzig Kilo an Gewicht drauf. Seit wir Kinder haben, entwickelte ich meine eigene Schwangerschaftsgröße – und halte sie.

Um Gewicht zu verlieren, esse ich jetzt den ganzen Tag Gemüse. Ich sitze auf der Terrasse und benutze die rechte Armlehne des Holzstuhls als Schneidebrett. Ich zerlege eine gerade Gurke in saubere Scheibchen. Eine perfekte gerade Gurke, weil niemand krumme Gurken kauft. Die Leute wollen keine seltsamen krummen Sachen, nur schöne gerade.

Ich habe seit drei Wochen keinen Alkohol mehr getrunken, und das ist auch nicht super lustig. Für mich ist eine

Flasche Wein leichter zu öffnen als die Tür eines Fitness-studios.

Ein Gin Tonic würde so gut zu einem gesunden Stück Gurke passen. Das im Tonic enthaltene Chinin, kombiniert mit dem Alkohol aus dem Gin, wäre ein feiner Energydrink. Chinin war früher eine wichtige Zutat für Malariapillen, und die Jesuiten im siebzehnten Jahrhundert verwendeten es als Fiebersenker. Aber ich habe weder Malaria noch Fieber, also bleibe ich bei Wasser, viel Wasser.

Fien kommt angerannt, ich hieve mich hoch. Auf dem Tisch neben mir stehen Becher mit Himbeerlimo für die Kinder bereit.

»Hey Schatz, ich habe was Leckeres zu trinken für dich.«

Ich nehme einen Schluck aus ihrem Becher.

»Papa, das solltest du nicht tun, dann wirst du fett bleiben«, warnt sie mich.

Die Worte »fett bleiben« hallen in meinem Kopf wider. Sie hat es wirklich gesagt. »Dann wirst du fett bleiben.« Ich sinke zurück in den Bear Chair und schaue wieder auf meinen Körper. Der Name des Stuhls passt perfekt zu meinem Körper. Bären-Stuhl.

Ich habe längst kapiert: In unserer Familie ist man sich darüber einig, dass Papa dick ist. Während unserer Sommerferien haben sie mir das auf subtile Weise mitgeteilt.

In unserem Familienbus ließ ich Elvis aus den Lautspre-chern dröhnen.

Nach kurzer Zeit sangen Leentje, Fien und Catoo alles Wort für Wort mit, so wie sie es eben verstanden hatten. Sem und ich lachten über die Übersetzung der Mädchen. *Are you langsam to Neid, do you Mist me to Neid …*

»Papa, wer war eigentlich Elvis?«, fragte Fien irgendwann auf der Strecke.

»Liebling, Elvis war ein armer Kerl aus Amerika, der sehr berühmt und wohlhabend wurde, weil er so schön singen konnte.«

»Lebt Elvis noch?«, fragte Leentje.

»Nein, nein, Elvis ist tot«, antwortete ich so sanft wie möglich, um den kleinen Kinderherzen keinen Schmerz zuzufügen.

»Wie ist das passiert?«

Ich schaute auf das blonde, zarte Köpfchen unseres ältesten Mädchens. »Ja, er, eh … er hat zu viele ungesunde Sachen gegessen, und dann wurde er sehr fett, und dann ist er gestorben.« Ich dachte, das wäre eine gute Erklärung.

»Papa, aber du isst auch immer viel zu viel!« Leentje, anscheinend nicht ganz so zart besaitet, merkte es in sachlichem Ton an.

»Ja, und du bist auch fett«, mischte sich die dreijährige Catoo begeistert ein.

Ich greife mir eine weitere Scheibe Gurke von der Armlehne. Bei solchen Diskussionen muss ich die Zügel in die Hand nehmen, sonst bin ich meinen Töchtern ganz ausgeliefert, wenn sie in die Pubertät kommen.

Fien trinkt Limonade aus ihrem Becher. Ich lasse mich tief in den Stuhl sinken und höre ein paar Vögel zwitschern. Weit hinten im Garten spielen und lachen die Kinder. Wunderbare Klänge zu sanften Träumen. Ich sitze auf einer Veranda in einem Schweizer Kurort in einem Schaukelstuhl, meine Beine unter einer karierten Decke, eine hübsche Krankenschwester, wie aus einem James-Bond-Film, mit einem sehr kurzen Rock, reicht mir Kiwistücke. Im Hintergrund plätschert ein Bach, jemand spielt auf einer Harfe.

Aber dann wird mein linkes Augenlid von Fiens klebrigen

Fingern nach oben gezogen. Mit einer Art Fischauge starre ich ins Gesicht meines Mittelmädchens.

»Papa, wach auf, dein Sportlehrer Kasper steht am Zaun.«

Ich bin schlagartig wach, eine Art Mini-Schlaganfall. »Fuck, Kasper, mein Trainer!«

Ich rolle mich auf der rechten Seite aus dem Stuhl, mein unterer Rücken ist steif. Kasper steht schon vor mir auf dem Rasen, energiegeladen wie immer. Ich schaue ihn an und versuche so enthusiastisch wie möglich rüberzukommen, weil ich nicht faul und verwöhnt wirken will. Ein privater Sportlehrer oder Personal Trainer, wie er in trendigen Kreisen genannt wird, ist ein wahnsinniger Luxus, das weiß ich sehr wohl.

»Hey, Kas, lass uns gleich anfangen.« Ich schaue ihn an und versuche zu deuten, was ich in seinen Augen sehe. Blickt er herablassend oder irritiert? Aber Kasper ist viel zu professionell, um sich irgendetwas anmerken zu lassen. Er ist einer von diesen Get-fit-or-Get-out-Typen und weiß, nur wer positiv denkt, kommt gut durchs Leben.

Das funktioniert bei vielen Leuten, aber nicht bei mir. Ich hatte gehofft, dass ich mich nach ein paar Trainingseinheiten an den Sport gewöhnen würde. Scheint doch bei den meisten Menschen zu klappen! Je öfter sie es machen, umso mehr Spaß haben sie daran. Nun, nicht bei mir. Ein Datencrash, ein Kater oder eine Geburt werden ja auch nicht angenehmer, nur weil du es öfter erlebst.

Als der Schweiß aus meinen Poren sprudelt, meine Gelenke knacken und es in meinem Kopf bei jedem Schritt hämmert, höre ich Kas rufen: »Du packst es, Bassie, du machst das großartig, nicht verkrampfen, nur noch sieben Runden.«

Für meine Frau wäre Kasper ein perfekter Trainer, aber Tooske hat in diesen Sommerferien ja auch bei vierzig Grad auf einem Olivenberg in Umbrien ihre Runden gedreht. Ich konnte nicht mitlaufen, einer musste sich ja um die Kinder kümmern.

Jetzt muss ich laufen, aber ich kann es immer noch nicht.

Ich bin motiviert bis in die Knochen. Motiviert, hier so schnell wie möglich Schluss zu machen.

Ich laufe weiter, um nicht vor meinem Körper zu kapitulieren. Weitere sieben Runden schleppe ich mich über Waldwege und Sanddünen. Alles, wirklich alles, um das Gegenteil zu beweisen. Ich bin nicht, wer ich bin. Denn ich bin jung, vital, stark und unbesiegbar.

Oder?

EIN MANN ALLEIN

#Sie ist weg DIE FANTASTISCHEN VIER

Ich habe schlecht geschlafen. Meine Frau ist für zehn Tage beruflich unterwegs. Sie hält sich in dem ein oder anderen südamerikanischen Land auf, wo es mehr Berge, Dschungel und paramilitärische Splittergruppen gibt als Mobilfunkmasten. Manchmal bekomme ich sie ans Telefon, dann klingt es abgehackt, als wären ihre Worte in Stücke zerlegt und falsch zusammengefügt worden. Liegt das am Skype-Programm oder kriegt sie zu wenig Sauerstoff? Unsere Gespräche sind eher verwirrend als informativ. Doch daran liegt es nicht, ich schlafe immer schlecht, wenn meine Frau nicht da ist. Mal eine Zeit lang ohne einander tut doch gut, meint mein Bruder, dann klebt man nicht immer zusammen.

Ich liege allein im Bett und mein Rücken schmerzt, ein diffuser, kleiner Schmerz. Und ich bin faul wie ein träger Hund, der nach einem Knochen sucht, den er nicht finden wird.

Ich muss mich beeilen, um die Kinder rechtzeitig zur Schule zu bringen und dann nach Almere zu fahren. Ich habe dort einen Termin in einem Fernsehstudio und komme verspätet an. Wegen der Hektik und weil jedes Studio auf der Welt gleich aussieht, nehme ich versehentlich den falschen Eingang und blicke mich unsicher um.

»Hey Bas! Ist alles okay?« Vor mir steht meine Kollegin Jantien.

»Ja, aber ich kann das Studio 6 nicht finden.«

Manchmal triffst du Freunde oder Kollegen aus früheren

Zeiten im falschen Moment. Ihr hattet eine gute Zeit, aber die Dinge, Stimmungen, Zusammenhänge haben sich verändert. Ich kenne Jantien aus meinen grauen Junggesellen-Zeiten. Blondiertes Haar mit ein wenig zu viel Auswuchs, die Handgelenke behängt mit Ethno-Armbändern, Stiefel zu einem etwas zu kurzen Jeansrock. Genau wie damals, von allem ein Stück zu viel. Ja, das ist Jantien, wie ich sie in Erinnerung habe ...

»Hallo Jantien«, ist das Erste und Einzige, was ich über die Lippen bringe. Mir fällt plötzlich ein, warum ich ihr all die Jahre aus dem Weg gegangen bin. Im Bett lief es gut und entspannt, aber nach dem Sex kam sie krass zur Sache. »Warum rufst du mich immer so spät zurück? Findest du mich zu dick? Wann willst du endlich mal meine Eltern kennenlernen?« Ziemlich aufdringliche Fragen für einen *One-Night-Stand*.

Auch jetzt, kaum dass wir uns begrüßt haben, fängt sie an, in einem weg zu plappern.

»Ah Bas, wie schön, dich zu sehen. Blablablabla ... Hast du viel zu tun?«, fragt sie.

»Ja, eigentlich habe ich meistens viel zu tun.«

»Klar, das weiß ich doch von dir, du lebst einfach nicht im Jetzt, du bist immer mit der Zukunft beschäftigt, und deshalb kann deine Seele nicht zur Ruhe kommen.«

»Nun, das ist auch Teil meiner Seele. Seit wir in Bloemendaal leben, habe ich wirklich Frieden gefunden, und, oh Mann, die Kinder sind toll. Hast du eigentlich Kinder, Jantien?«

»Ach, Bas, du machst auf fröhlich, aber im Grunde bist du tief unglücklich. Du bist negativ verankert.«

Ich muss doch verrückt sein, mich auf so ein unsinniges Gespräch einzulassen. Ich atme tief durch und sage in überraschend ruhigem Ton: »In der Tat, das mit diesem negativ verankert stimmt, und zwar für dich. Wir sind nicht im Jetzt, du gehörst in die Vergangenheit, und so wollen wir es auch lassen.«

Gleichzeitig bedauere ich, dass ich so unverblümt mit ihr rede.

Bemüht, die Stimmung etwas zu entkrampfen, versuche ich, etwas sympathischer rüberzukommen, indem ich die Mundwinkel nach oben ziehe. »Komm schon, ich muss weiter zur Arbeit«, und mache, dass ich schnell wegkomme.

Ich schleppe mich durch den Produktionstag, fühle den Schmerz in meinem Rücken und will nach Hause, mich einfach nur hinlegen. Mein Single-Leben schlaucht mich, dabei hat die Woche gerade erst begonnen.

Dann hole ich die Mädchen von der Schule ab. »Mir egal, wer mitkommt, auch wenn's nur eine ist, hopp-hopp, rein ins Auto …«

Wenn ich mit den Kindern allein bin, gehe ich eigentlich lieber ins Restaurant um die Ecke. Gutes Essen und kein Abwasch, aber das kann ich nicht zehn Tage lang durchziehen. Also mache ich heute Abend Pasta Carbonara und einen griechischen Salat mit viel Feta.

Ziemlich hilflos stehe ich in der Küche, backe Speckstreifen, schlage frische Eier auf, schäle Knoblauch, raspele den Grana-Padano-Käse und schneide eine Handvoll frisch gepflückte Petersilie. Das Essen mit den Kindern und das obligatorische Bettritual halten mich auf Trab. Es ist ein fröhliches Durcheinander. »Iss deinen Teller leer, dann bekommst du einen Nachtisch«, »Komm, noch sechs Bissen, weil du sechs Jahre bist«, »Welches Buch soll ich vorlesen?«

Gott sei Dank, da ist sie! Mit offenen Armen nehme ich unsere Dauer-Babysitterin in Empfang.

Eigentlich ist es prima easy für die Kinder, wenn Papa alleine zu Hause ist. Sie *müssen* ein bisschen mehr, aber sie *dürfen* auch viel mehr! Sie müssen sich alleine anziehen, selbst kämmen und die Zähne putzen, aber als Wechselgeld gibt es Pommes frites mit Nutella, schmeckt supergut! Warum kein Fernsehen gucken beim Essen, der Bildschirm hängt nicht umsonst da. Und um die Schlafenszeit muss überhaupt nicht gekämpft werden. Abends einmal – oder drei- und viermal – später ins Bett, bedeutet auch, dass sie am nächsten Tag länger schlafen. Am Morgen wecke lieber *ich* meine Kinder als andersherum. Zumal ich heute wieder schlecht einschlafen werde. Dich an einen warmen schönen runden Popo zu kuscheln, wirkt besser als jede Schlafpille oder ein Glas warme Milch.

Ohne eine feste Beziehung wäre ich sehr traurig: ein Mann in den Vierzigern, der allein in Cafés herumhängt, zu viel raucht, übermäßig trinkt und chronische Schmerzen im Rücken hat.

Also rufe ich abends ein paar alte Freunde an, für die mir immer die Zeit fehlte. Einige Freundschaften lagen eine Weile auf Eis, gerade so wie ein Stück Grünkohl von letzter Woche. Der Geschmack erinnert immer noch an das Original, aber es ist viel spröder in der Struktur. So ist es manchmal mit den Freundschaften. Es sieht so aus wie früher, aber etwas fehlt.

Es ist kurz nach acht. Ich habe mich für den Abend mit Anne-Loes verabredet, einer Freundin von früher. Es hat schon etwas Eigenartiges: Wenn meine Frau zu Hause wäre, hätte ich niemals zugesagt. Ich würde mich unbehaglich fühlen, sie alleine zu lassen, um mit einer anderen auszugehen. Egal, wie frei du in deiner Beziehung bist, du schränkst dich freiwillig ein.

Ich nehme den Zug, und anderthalb Stunden später sitze ich Anne-Loes im Restaurant »George« gegenüber, irgendwo an einem Kanal in Amsterdam. Die Wände des Restaurants sind mit blitzweißen U-Bahn-Kacheln gefliest, und auf der Speisekarte steht Entrecôte béarnaise. Es ist, als wären wir in Paris auf dem Montparnasse in einem guten Bistro. Aber wir sind in Amsterdam, auch nett für einen ehemaligen Amsterdamer wie mich.

Wir trinken; sie ein Glas Chardonnay und ich alles Mögliche, warum auch nicht? Zwei Paracetamol, à 500 Milligramm, tun Wunder. Meine Rückenschmerzen werden mit jedem Schluck weniger.

Anne-Loes und ich trinken, essen und reden über Dinge, die vorbei sind, und über Dinge, die kommen werden. Sie spricht über ihren Ehemann Bob und ihren Sohn Bob. (Bob und Bob, ich finde das immer lustig.) Doch das Larifari-Gespräch kommt ins Stocken, ich bin gelangweilt, und Anne-Loes, denke ich, auch. Eine freche Frage hilft immer.

»Macht ihr es noch genauso oft, seit der kleine Bob da ist?«

Anne-Loes fängt an zu lachen, dann kreischt sie fast. Die Leute drehen sich nach uns um. Ich gucke sie freundlich an, so in der Art: Tachchen, alles gut? Währenddessen stellt die Kellnerin eine Schüssel knusprige Pommes und einen Salat auf unseren Tisch.

»Nun, das ist witzig, Bob hat heute Nachmittag auch davon angefangen. Aber Bob muss sich daran gewöhnen, dass es für seinen ›kleinen Bob‹ anders geworden ist, seit der kleine Bob da ist.«

Ich muss lachen. »Daran gewöhnen?«

»Ja, na sicher, ich habe viel um die Ohren, na, und die Männer können eben nicht immer kriegen, was sie wollen. Und die Männer müssen auch immer … Wie unglaublich anstrengend ist denn das!«

»Ja, genau, total anstrengend für die Männer, die immer

etwas brauchen, wollen oder müssen, was meistens schwer zu bekommen ist.« Ich blicke sie mit einem ironischen Lächeln an.

»Denkst du auch manchmal an etwas anderes?«, fragt Anne-Loes.

Es ist eine berechtigte Frage, dennoch entscheide ich mich, sie zu ignorieren. »Guck mal, Anne-Loes, ich weiß aus eigener Erfahrung, dass das Bedürfnis des Mannes meist größer ist als die Libido seiner Frau. Ich finde es schlecht eingerichtet, ja, aber so ist es nun mal. Was ich nicht verstehe, ist, dass es Frauen gibt, die weniger Sex wollen als ihr Ehemann, aber dann sauer auf ihn werden, wenn er sich Pornos anguckt …«

»Wie lange ist deine Frau weg?« Anne-Loes schaut mich kokett über ihre Dessertkarte hinweg an.

Ich quatsche einfach weiter: »… Die Frauen mögen es nicht, wenn ihre Männer Pornos gucken, und nicht wegen der ethischen Einwände gegen den Frauenhandel oder so, sondern weil sich diese Frauen von einer Fantasie betrogen fühlen. Man kann doch niemanden verurteilen, weil er Fantasien hat? Das ist wie Niesen, es kommt, wenn es kommt. Ich kann doch, zum Beispiel, das, was ich über die netten Lehrer meiner Kinder denke, auch nicht steuern.«

»Ja, also nein, Bas! Bob schaut sich keine Pornos an, also ich weiß wirklich nicht, was du dir da zusammenfantasierst.«

»Hahahaha. Warum denkst du, dass Bob keine Pornos guckt?«

»Bob guckt keine Pornos.«

»Na gut. Laut Professor Simon-Louis Lajeunesse aus Kanada schaut jeder Mann Pornos. Die meisten sind heimliche Zuschauer, Porno-Peepers nennt man sie.«

»O mein Gott, Bassie, du hast eine ganze Studie darüber gelesen?«

Das kann ich nicht abstreiten. »Nun ja, ich interessiere mich manchmal für wissenschaftliche Untersuchungen«, sage ich. »Dieser Professor von der Universität Montreal wollte eine Studie über Pornokonsum durchführen und suchte nach Teilnehmern für zwei Probandengruppen, eine mit Männern, die Pornos gucken, und eine mit Männern, die nicht gucken. Und was denkst du? Die Studie konnte nicht durchgeführt werden, weil er überhaupt keine Männer finden konnte, die *nicht* Pornos gucken. Somit ist dein Bob ein wissenschaftliches Phänomen.«

Anne-Loes greift nach ihrer Tasche, schnappt sich ihr iPhone und sagt: »Ich werde ihn jetzt fragen.«

»Warte eine Sekunde, ich geh mal aufs Klo, bin gleich zurück.« Ich erhebe mich von der niedrigen Bank und gehe zur Toilette. Ich sehe mein müdes Gesicht im Spiegel, vom Schmerz im Rücken ist nichts mehr zu spüren.

Als ich mich wieder auf die Bank setze, hat Anne-Loes Bob schon dran. »Hallo Schatz, ich sitze hier mit Bas und er glaubt nicht, dass du nie Pornos guckst.«

Ich nehme einen Schluck von meinem Gin Tonic und merke, wie es mir peinlich wird. Ich kann an Anne-Loes Gesicht sehen, dass sie etwas anderes zu hören bekommt, als sie erwartet hat. »Oh, das wusste ich nicht, also ich, eh, ich gebe es weiter.«

Sie legt auf, sieht mich an und sagt: »Du hast recht, er ist auch ein Porno-Peeper, und nein, Bas, das macht mir nichts aus. Willst du auch ein Dessert?«, fährt sie fort. »Ich möchte eine Grenadille-Bavarois.«

Anne-Loes bestellt ihr Dessert, und ich nehme einen doppelten Espresso und ein Glas Macallan mit einem Eiswürfel.

Sobald unsere Bestellungen vor uns stehen, fängt Anne-Loes gierig an, die Grenadille auszulöffeln. Die gelbe

Frucht ist hellgrau mit einem violetten Schimmer. »Wow, das ist absolut göttlich. Willst du mal kosten?«

Ich lehne lieber ab, verlange die Rechnung, küsse Anne-Loos, »liebe Grüße an Bobskie«, und beeile mich, um noch den letzten Zug in unser Dorf zu kriegen.

Im Zug sende ich eine WhatsApp-Nachricht an meine Frau, ich schätze, wegen des Zeitunterschieds sieht sie es erst morgen früh.

Zu Hause ist es ruhig, ich bezahle schnell den Babysitter, nehme eine sehr heiße Dusche und rolle mich in mein Bett. Hoffentlich kann ich einschlafen. Um mir vorzugaukeln, dass jemand neben mir liegt, schiebe ich das halbe Deckbett in meinen Rücken. Klappt überhaupt nicht.

Wenn ich nur einen Hund hätte. So einen Schlafkameraden, der neben mir, Rücken an Bauch, in Löffelchen-Stellung, im Bett liegt. Aber als ich meine Augen schließe, fällt mir ein, dass Herta, unser Familienhund aus Kindertagen, dauernd stinkende Frolic-Fürze rausließ. Vielleicht ist es doch besser, allein im Bett zu liegen.

Immer noch schlaflos, schaue ich wieder auf den weiß flackernden Bildschirm meines Telefons. Ich sehe, dass meine Frau die gesendete Nachricht noch nicht gelesen hat, und googele das südamerikanische Land, in dem sie sich gerade aufhält. Die ersten Einträge handeln von Joran van der Sloot, einem niederländischen kriminellen Psychopathen, der in Peru in einem schwer bewachten Gefängnis schmort. Mich überkommen Assoziationen von dunklen, überfüllten Zellen, Wachen, die auf Spanisch rumkommandieren, Drogengangs und allem möglichen Elend. Plötzlich fühlt sich mein Bett wunderbar an, auch ohne meine Frau und ohne Hund.

Schlafen, ich muss schlafen, auf dem Rücken, auf der Seite,

mit Küssen oder ohne, egal. Deine Festplatte wird während des Schlafes aufgeräumt. Die Träume lassen alle schlechten Gedanken verschwinden und befreien dein Unterbewusstsein. Ich habe selten Alpträume und denke, das ist ein gutes Zeichen.

Ich höre einen Waldkauz, piewieeh ohuh, er jagt, und ich fange an zu träumen. Sie ist älter als meine eigene Frau, etwas älter, aber sehr lebenslustig. Obwohl der Traum keinen logischen Verlauf hat, sind die Details echt. Sie ist keine Traumfrau, aber ich träume von ihr. Düfte, Bilder, Gefühle, Assoziationen.

Die meisten Männer sind nicht dafür gemacht, allein zu sein. Oder, lassen Sie es mich ehrlich sagen: Ich bin nicht dafür gemacht.

Und dann schrecke ich hoch und bin hellwach. Ich taste nach meinem Telefon, 3.47 Uhr.

In der SkypeApp erscheint unter »Aktuelle Favoriten« ein Bild meiner Frau. Ich fühle mich ertappt. Sie blickt süß in die Kamera. Es gibt sechs Nachrichten über verpasste Anrufe unter dem Foto. Ich versuche, sie zurückzurufen, aber wieder kommt keine Verbindung zustande.

»Der Teilnehmer ist zurzeit nicht erreichbar, bitte versuchen Sie es später noch mal.«

BEIM NERVENARZT

#Cello suites BACH

Eine Straße mitten in meinem alten Viertel, dem gepflegten Amsterdam-Süd. Ab und zu habe ich hier noch eine Verabredung zum Mittagessen, aber seit wir in einen Ort am Meer gezogen sind, verschlägt es mich eher selten in diese Gegend.

Nummer 17. Hier müsste es sein, an der Tür des Eckgebäudes hängt ein großes Schild. *Nervenarzt* steht unter dem Namen des Mannes, bei dem ich gleich einen Termin habe. Ner-ven-arzt.

Was mache ich bloß, wenn jetzt einer meiner alten Nachbarn mit seinem schokobraunen Labrador vorbeikommt?

»Hallo, ja, ach so, nein, ich war gerade in der Nähe … Ja, es geht uns total gut. Auch Toos und den Kindern. Und? Bei euch – alles in Butter?«

Dann bleibt nur Hoffen und Beten, dass keiner weiter nachhakt. Es ist aber sowieso viel zu kalt, um auf die Straße zu gehen, und ich habe eine Mütze auf und den Kragen meiner Winterjacke hochgeschlagen. So erkennt mich kein Mensch.

Der Türöffner summt, die Haustür springt auf. Ich gehe rein. Herr L. praktiziert in einem dieser für Amsterdam-Süd typischen Häuser, ein schmaler hoher Flur, eine enge steile Treppe mit abgetretenem persischem Läufer. Der Flur führt zu einer schmalen Küche mit Blick auf einen kleinen, begrünten Innenhof. Rechts sehe ich zwei Türen. Die erste, zu einem Vorzimmer, steht offen, der helle Raum ist als Wartezimmer eingerichtet. Auf der Heizung stapeln sich Zeitschriften, das Ärzteblatt »Arzt und Auto« liegt obenauf. Ich muss nicht lange warten, die Schiebetüren gehen auf und ein älterer Herr, so um die sechzig, bittet mich herein. Herr L. wirkt freundlich-reserviert und intelligent.

Ich sehe mich um. Ich hatte mir ein Sigmund-Freud-artiges Ambiente vorgestellt, mit vielen Büchern, ein paar verstaubten Sukkulenten, einem Schreibtisch in Eiche antik und einem durchgelegenen Diwan, daneben ein Beistelltisch aus Rattan, eine Taschentücherbox auf der gläsernen Tischplatte. Aber leider wirkt dieses Hinterzimmer eher wie das Büro eines pensionierten Stasi-Agenten. Fahlbrauner Teppichboden, zwei niedrige Sessel und ein Tisch, auf dem ein Faxgerät und zwei gefüllte Wassergläser stehen. Weit und breit keine Taschentücherbox. Herr L. setzt sich und bittet mich, ebenfalls Platz zu nehmen.

»So, Herr Ragas, was kann ich für Sie tun?«

In den letzten Wochen hatte ich mir genau diese Frage wiederholt gestellt: Was verspreche ich mir überhaupt von diesem Termin?

»Das weiß ich nicht so genau. Ich hoffte, um ehrlich zu sein, dass Sie mir das sagen würden.«

»Haben Sie bestimmte Beschwerden, die Sie dazu bewegt haben, mich zu konsultieren?«

»Ich schlafe in letzter Zeit schlecht. Als ob in mir ein Dieselmotor läuft und sich einfach nicht mehr abstellen lässt.«

»Machen Sie sich wegen irgendetwas Sorgen?«

»Nein, nun ja … also eigentlich schon. Ich verspüre so eine innere Unruhe, die ich nicht einordnen kann.«

Herr L. sieht mich an, ohne jedes Zeichen von Ermunterung, ohne die geringste coach-mäßige Ausstrahlung.

»Jetzt, da unsere Kinder etwas älter sind, haben wir wieder mehr Zeit, können auch mal nachdenken … über uns und wo es hingehen soll. Dabei habe ich gemerkt, dass ich eigentlich nicht weiß, was ich mit meinem Leben anfangen soll. Manchmal habe ich den Eindruck, als würde gar nichts mehr passieren. Das ist merkwürdig, mein Leben ist wirklich alles andere als langweilig. Trotzdem kommt es mir so vor.«

»Haben Sie deswegen Schuldgefühle?«

»Naja, es fühlt sich schon wie ein Luxusproblem an, ja.« Ich trinke einen Schluck Wasser.

Herr L. sieht mich abwartend an.

»Ich bin mir aber sicher, dass ich nichts an meiner Ehe verändern möchte. Ich würde sie als sehr glücklich bezeichnen. Ich weiß allerdings nicht, ob meine Frau das auch so sieht. Sie wird immer schlanker und ich immer dicker.«

Ich stelle das Glas auf dem Tischchen ab und spreche stockend weiter. »Um uns herum gehen haufenweise Ehen zu Bruch, es ist ein wahres Trümmerfeld. Meine Frau schläft wie ein Murmeltier, während ich mich die halbe Nacht hin und her wälze. Manchmal habe ich das Gefühl, ich könnte nur noch weinen, ohne zu wissen warum. Dann erscheint mir alles so sinnlos … Sie wissen, was ich meine?«

»Und, ist das schlimm?«

»Wie bitte? Selbstverständlich ist das schlimm«, erwidere ich verärgert.

»Einige Menschen sind der Überzeugung, der Sinn des Lebens sei gerade seine Sinnlosigkeit.«

»Das ist doch ein Zitat von Nescio, oder?«

»Ach ja, ›Kleine Titanen‹, der Romanklassiker über nette Jungs, die nichts weiter machen als reden, rauchen, trinken und Bücher lesen. Sie lesen, Herr Ragas?«

»Nun, ich rede und trinke mehr, als meine Nase in Bücher zu stecken.«

»Aber ›Kleine Titanen‹ kennen Sie durchaus?«

»Es war das Lieblingsbuch meines Lieblingsonkels.«

»Wovon handelt das Buch Ihrer Meinung nach?«

Ich sehe den Arzt an und frage mich, was das um Himmels willen mit mir zu tun haben soll. Das ist hier doch kein Literaturquiz.

»Nun, meiner Meinung nach handelt ›Kleine Titanen‹ von Jungs, die ein aufregendes und großartiges Leben führen wollen und mit ihren Träumen dann in einem Spießerdasein enden. Das Erwachsenenleben entpuppt sich als tückischer Morast, in dem sie immer weiter einsinken und schließlich ersaufen. Die Männer wollen lieber kleine Jungs bleiben, genau wie Peter Pan.«

»Ja, ja, das Peter-Pan-Syndrom avant la lettre«, wirft Herr L. aufgeweckt ein.

»Sie haben fürchterliche Angst vor jeder Art von Mittelmaß. Aber es muss doch möglich sein, sich unabhängig vom Alter weiterzuentwickeln und nicht stehenzubleiben?«

»Ja, das sollte man meinen, nicht wahr? Erleben Sie Stillstand als unangenehm?«, fragt Herr L.

»Stillstand macht mich nervös.«

Es entsteht eine Pause.

»Herr Ragas, treiben Sie Sport?«

»Äh …, so gut wie nie, ich kann mich für dieses Geschwitze nicht so begeistern. Mein Chiropraktiker meint allerdings, es wäre durchaus angebracht.« Da ich damit rechne, dass er mich als Nächstes fragen wird, warum ich zu einem Chiropraktiker gehe, rücke ich lieber gleich damit raus.

»In letzter Zeit habe ich Schmerzen im Lendenwirbelbereich. Ich bin mir sicher, dass mir mein Körper damit etwas sagen will.«

»Wäre es auch möglich, dass Ihre Rückenschmerzen eine rein körperliche Ursache haben?«

»Natürlich wäre das möglich. Ich sitze viel.«

»Und was ist mit Kokain?«

Für einen Moment ist es still im Raum. Ich sehe den Nervenarzt an, aber auch dieses Mal kann ich seinen Gesichtsausdruck nicht deuten. Herr L. zeigt mir sein Pokerface.

Ich selbst weiß natürlich, dass ich kein Wintersportler bin, aber die Schilderung meiner Symptome lässt anscheinend auf den weißen Treibstoff schließen.

»Nein, ich kokse nicht. Aber warum fragen Sie? Wirke ich wie jemand, der Drogen nimmt?«

»In der kreativen Szene wird Koks häufig zur Selbstmedikation eingesetzt. Sie waren doch früher ein Popstar? Haben Sie da nie das Verlangen verspürt, mal kurz mit Hilfe einer Pablo Escobärchen der Realität zu entfliehen?«

»Entschuldigung?« Sein etwas ungenierter Sprachgebrauch überrascht mich.

»Nun, in Ihrer Branche kommt das häufig vor, und regelmäßiges Koksen kann zu Unlustgefühlen, Antriebslosigkeit und Depressionen führen. Nehmen Sie mir die Frage bitte nicht übel, aber wir sitzen hier schließlich, um die Ursache für Ihr Problem zu ergründen.«

Ich frage mich insgeheim, wer schon vor mir in diesem Sessel saß, behalte die Frage aber für mich. Ich werde oft genug über meine Kollegen ausgehorcht. »Wie ist der denn nun wirklich?«, »Stimmt es, dass sie drogenabhängig ist?«, »Siehst du ihn noch ab und zu?«, »Hat die einen neuen *boyfriend*?«. Für solche Sachen bin ich nicht zu haben.

Zum Glück dreht sich dieses Gespräch im weiteren Verlauf um andere Aspekte meiner Arbeit, um meine Freundschaften; es kommt mir eigentlich eher wie ein Vorstellungsgespräch vor und nicht wie eine Konsultation bei einem Psychiater.

Im Gang klingelt es. Herr L. betätigt einen Schalter unter seinem Sessel. Dann starrt er in den Innenhof, er scheint nachzudenken. Wird er mir gleich seine Diagnose mitteilen?

»Herr Ragas, Sie haben mir erzählt, dass Sie schreiben.«

»Ja«, sage ich, »zurzeit arbeite ich an einem neuen Buch, es ist fast fertig.«

»Wovon handelt Ihr Buch?«

»Äh …, es handelt von meinem Leben. Wie es ist, sich in der Vaterrolle zurechtzufinden. Und wie man dann, wenn man sich endlich an das bürgerliche Familienleben gewöhnt hat, zu einem nervösen, etwas zu dicken Vierzigjährigen wird.«

Ich versuche, meiner Geschichte noch eine positive Wendung zu geben und füge hinzu: »Das Buch wird auch ins Deutsche übersetzt.«

»Oh, ins Deutsche, eine schöne Sprache, völlig unterbewertet.«

»Tja, das finde ich auch.«

»Aber die Fälle, schrecklich, das ist und bleibt ein Problem, das Auseinanderhalten von männlich und weiblich.«

»Sie sagen es. Nicht nur in der Sprache ist diese Unterscheidung kompliziert. Hauptsache, man wird nicht selbst zum Neutrum.«

»Wie meinen Sie das?«

Darauf antworte ich lieber nicht.

»Herr Ragas, wenn Sie demnächst mit dem Schreiben fertig sind, kann Ihnen Ihr Buch möglicherweise helfen, Ihre eigenen Denk- und Verhaltensmuster zu deuten.«

Ich sehe ihn an. Dieser Ratschlag enttäuscht mich nun aber doch. Ich bin schließlich hier, um eine klare Diagnose für die Ursache meiner inneren Unruhe zu bekommen. Ich hatte mit Psychoanalyse gerechnet, mit Medikamenten oder einem Aufenthalt in einem Schweizer Kurort. Stattdessen wird mir eine Hausaufgabe aufgebrummt, sowas in der Art einer »Do-it-yourself-Analyse«.

»Wissen Sie, laut dem dänischen Philosophen Søren Kierkegaard wird das Leben zwar vorwärts gelebt, aber rückwärts verstanden … Entschuldigen Sie, aber hierbei müssen wir es leider für heute belassen, mein nächster Klient wartet schon. Wir können gleich einen neuen Termin vereinbaren …?«

»Oh, vielen Dank … Ich denke, ich schreibe dann doch erst einmal mein Buch zu Ende.«

Ich gebe dem Arzt die Hand, er schiebt daraufhin die Salontüren auf. Im Wartezimmer sitzt ein etwas untersetzter Typ. Du könntest ruhig auch ein bisschen mehr Sport machen, geht es mir durch den Kopf. Ich nicke dem Mann zu und eile zur Tür. Als ich vors Haus trete, fegt nasser Schnee um die Ecke, dicke Flocken bleiben in meinem Gesicht kleben.

DER KOCHKLUB

#Gentle on my mind   ELVIS PRESLEY

Als wir damit anfingen, hatten wir vor, wenigstens sechsmal pro Jahr an einem Tisch zu sitzen. Aber in den letzten Jahren klappt das nicht mehr. Wir sind alle mit unserer Arbeit, unserer Familie und uns selbst beschäftigt.

Trotzdem ist unser Kochklub »Satis est« ein guter Anlass, uns ab und an zu sehen. Vor fünfzehn Jahren von meinen Freunden Sander und Koen gegründet, steht er als fester »Tagesordnungspunkt« im Jahreskalender. Wir hätten unseren Kochklub besser Essklub nennen sollen, es geht mehr ums Essen und Reden als um die hohe kulinarische Kunst. Auf diesen Kernwert ist unser Kochklub-Präses besonders stolz. »›Satis est‹ kommt nicht über das durchschnittliche Gaststättenniveau hinaus!«, rief er fröhlich zu unserem zehnjährigen Jubiläum.

Heute Abend sitzen wir bei Sander zu Hause an seinem massiven Küchentisch. Sander fällt alles ohne Mühe in den Schoß, er ist mit Abstand der Lustigste von uns und an Witz nicht zu übertreffen. Er lebt auf einem Hausboot an der Amstel, das er zu einem Atelier umgebaut hat, von dem aus man einen atemberaubenden Blick auf den Philips-Turm hat. Sander ist Rechtsanwalt und auf Marken- und Urheberrecht spezialisiert. Er sucht seit Jahren nach einem Mann, der das Leben mit ihm teilen möchte, aber das klappt irgendwie nicht.

Ich blicke mich um und sehe, dass all meine Kochklub-Freunde Jackett tragen, nur Hans nicht. Er hat, wie immer, seinen Pullover an, es könnte auch der sein, den er schon seit Jahren trägt. Wir nannten Hans »Speckpulli«. Der Name passt immer noch.

Die Jungs von damals sind jetzt alle fünfzehn Jahre älter, grauer und dicker. Wir waren nie Sportler. Obwohl sechs von uns angefangen haben, für einen guten Zweck zu radeln. Dann kam die Ice Bucket Challenge, das Amsterdam City Swim und jetzt sind es die Mud Masters. Alles gut gemeint, aber doch sehr bemüht. Können sie nicht einfach durch den Wald laufen? Das scheint mir viel gesünder zu sein, und von dem Gebettel um gesponserte Kilometer habe ich nun langsam mal die Schnauze voll. Rückt das Geld für den guten Zweck raus, haltet die Klappe und belästigt mich nicht damit. Aber wer sagt sowas schon laut.

Ich sehe mich am Tisch um.

Einige meiner Tischgenossen haben es geschafft, würde mein Vater sagen, wie Sander. Aber nicht jeder hat so ein glückliches Händchen. Neben Sander sitzt Lodewijk, der von allen Bakker genannt wird, warum, weiß ich nicht mehr. So ein Spitzname hat immer etwas Jungenhaftes, und das ist Bakker tatsächlich mit seinem ewigen Hoodie, Jeans und Sneakers. Bakker hat seit einem Jahr einen Bart, einen großen, dicken Bart, weil das hip ist. Er lebt mit einem Mädchen, an dessen Namen ich mich nicht erinnern kann. Bakker arbeitet als Werbetexter und sucht seit Jahren nach der Idee, die ihn reich machen wird. Seinen Anspruch auf Ruhm erhebt er, weil er vor rund fünfzehn Jahren ein weltberühmtes Fernsehformat erfand. Er erzählte die Idee in der Kneipe seinem Freund, dem Fernsehproduzenten X, der wusste, wie man das Format weltweit verkauft. Als X seine Produktionsfirma für mehrere Millionen abgab, sah Bakker keinen Cent davon. Nun, nicht ganz, er erhielt eine Einladung zur Abschiedsparty von X, der mit seinen vierzig Jahren in Rente ging und von nun an um die Welt reiste.

Der nächste Stuhl gehört Gijs. Er hat einen Bio-Bauernhof mit einem Hofladen, wo man Fleisch und Quinoa kaufen kann. Er ist noch nicht so lange Mitglied des Kochklubs. Vor Jahren war er Pfarrer im Achterhoek, aber nach einer Weile gab er auf. »Jede Woche eine Ehe, Taufe oder Beerdigung, das steht ein Mensch nicht durch.« Er ist seit Jahren mit Femke verheiratet, und diese Ehe steht er sehr wohl durch. Sie haben vier Kinder.

Aber wir haben uns, als wir mit dem Kochklub anfingen, versprochen, nicht über Kinder zu reden. Es wurde damals, es war die »Babyzeit«, sowieso viel zu viel über Kinder gesprochen. Politik war übrigens auch ein *No-Go,* das machte einfach keinen Spaß. Obwohl ich jetzt gerne von meinen großen Kinder erzählen würde, sprechen wir nach wie vor nicht über dieses Thema. Auch nicht über Politik, aber das ist immer noch in Ordnung.

Während der Vorspeise, Garnelen in Aioli, klopft Jan plötzlich mit seinem Ehering an sein Weinglas.

»Jungs, ich möchte euch etwas mitteilen.«

Leider weiß ich, was er loswerden möchte.

»Es geht schon seit einem halben Jahr, aber … Anouk und ich haben uns getrennt.«

»Tzze, du Arsch«, zischt Bakker.

Niemand sonst reagiert. Speckpulli schon gar nicht, der isst ruhig weiter.

»Hallooo? Anouk hat mich verlassen, nicht ich sie.«

»Ah sorry, Mann, ich dachte, dass du … Wer ist denn der neue Typ?«, fragt Bakker, während er sich seinen Bart krault.

»Es lief schon lange nicht mehr gut, und dann hat sich Anouk in jemand anderen verliebt.« Jan zögert und erzählt dann die ganze Geschichte, die ich auch noch nicht kannte: »Der andere war unser erbärmlicher, frisch geschiedener Nachbar mit zwei Kindern auf dem Campingplatz in Bakkum. Anouk hat ihn verstanden und getröstet und hatte ein offenes Ohr für seine Probleme.«

»Nun, nicht nur ein offenes Ohr«, höre ich Bakker einwerfen.

Keiner lacht.

»Unsere Kinder kamen sehr gut miteinander aus, und ich war in diesem Sommer oft unterwegs, um in meinem Job wieder in die Spur zu kommen.«

Ich sehe das Bild vor mir. Und die anderen zweifellos auch. Ein schwüler Sommerabend, ein Glas Wein, das warme Licht der Feuerstelle und ein erbärmlicher, hinterhältiger Nachbar, der seine Chance ergreift.

Jan war immer der Player unseres Klubs, und egal wo wir hinkamen, nach einer Minute war er schon im Gespräch mit dieser oder jener Frau.

Wir schweigen. In der Stille am Tisch kommt es mir so vor, als hörte ich die Angst meiner Kochfreunde: Wäre meine Frau auch dazu in der Lage?

»Nun«, ruft Sander, um das Eis zu brechen, »es ist super praktisch, dass du zu einem Kochklub gehörst, dann weißt du wenigstens, wie du für dich selbst kochen kannst.«

Wir lachen. Jan auch ein bisschen.

»Sollen wir diesen Typ mal aufmischen?«, fragt Speckpulli, während er die nächste von Ailoli tropfende Gamba in seinen Mund stopft.

Niemand antwortet. »Alles ziemlich blöd, auch wegen der Kinder und der Sachen und so«, fährt Hans Speckpulli fort.

Jan seufzt und nickt. »Ja, in der Tat, Hans, wie du's sagst. Saublöd, ja.«

»Sind sie schon auf Tinder?«, fragt Sander.

Jan erwidert: »Nein, Tinder ist *old news*, heute musst du

beim Inner Circle sein.« Er klingt wie der alte Player Jan, nur nicht ganz so überzeugend.

»Was ist das, der Inner Circle?«, fragt Gijs.

»Oh, das ist nichts für dich, das ist nur für die höher Gebildeten«, sagt Jan.

Es wird wieder gelacht, aber es klingt etwas gezwungen. Keiner will sich von einer jämmerlichen Geschichte den Abend verderben lassen will.

»Okay, wer kümmert sich um den Hauptgang?«, ruft Hans munter.

Sander, Gijs und ich rühren ein wenig in den Pfannen.

»Hört mal«, verkündet Sander und fuchtelt mit dem Kochlöffel umher. »Ich habe die WWW-Theorie: Wohlstand, Wohnung, Weib, das sind die drei Säulen, auf denen alles beruht und die du ernst nehmen musst. Und du musst dafür sorgen, dass immer mindestens zwei von diesen drei Grundvoraussetzungen in Ordnung sind. Sonst geht es schief.«

»Das vierte W ist auch wichtig«, sagt Gijs, während er einen großen Schluck Wein trinkt.

Sander beäugt die Lammstücke, die im Ofen schmoren. »Es kommt nicht von ungefähr, dass Anouk gegangen ist. Eine Frau braucht Stabilität. Also, wenn es in deinem Job nicht gut läuft, hast du nicht genug Zeit für deine Frau; wenn du nicht genug Geld hast für dein Haus, mussst du härter arbeiten, und wenn dir deine Frau wegläuft, musst du deine ganze Energie auf deine Arbeit und dein Haus fokussieren. So einfach ist das mit meiner WWW-Theorie, Hokuspokus, das Geheimnis ist der Fokus.«

Ich rühre in der Pfanne mit dem Couscous. »Du hast gut schwätzeln, Jodocus, mit deinem Hokuspokus, du bist Single.«

»Deshalb bin ich sehr gut in meiner Arbeit und habe auch ein sehr schönes Haus.«

»Das stimmt«, sagt Gijs, »dein Haus ist wirklich schön … Wer will rauchen?«

Ich folge ihm und wir setzen uns unters Vordach des Hausbootes.

»Hokuspokus … dieser Sander, was für ein Quatsch«, sagt Gijs.

»Ja, dieser Sander«, sage ich.

Wir blicken auf die Amstel, es ist ein kalter, windstiller Abend. Wir hören Leute lachen, die auf einer Schaluppe den Fluss hinunterfahren.

»Weißt du, was wir früher in Limburg gesagt haben?«, fragt Gijs. »Ein gutes Wochenende besteht aus den drei Fs. Frauen, Feuer und Fahren. Solange du guten Sex hast, gemütlich mit dem Boot herumfährst und ein Stück Fleisch auf den Grill schmeißen kannst, funktioniert alles.«

»Fahren in Limburg, Gijs?«

»Ja, auf der Maaß, Bas.«

Gijs zündet sich eine Zigarre an und bietet mir auch eine an.

»Wie geht es eigentlich dir?«, fragt er plötzlich mit einer Intonation, an der ich den einstigen Pastor erkenne.

»Nun, ich finde diese Phase meines Lebens ziemlich beunruhigend. Freunde gehen bankrott oder lassen sich scheiden, und, nun ja, ein glückliches Familienleben ist auch eine komplizierte Sache. Kennst du das? Ich dachte immer, dass ich ›mit einer stabilen Familie und netten Arbeit‹ gut durchkomme, aber es ist nicht so einfach. Ich habe gehofft, nach der anstrengenden Baby-Windel-Puder-Schlafdefizit-Zeit endlich dort angekommen zu sein, wo ich hinwollte. Aber wie ein Hund, den es nach Wasser dürstet, bin ich in immer auf der Suche nach einem neuen Abenteuer, nach unbekannten

Ufern. Gleichzeitig verlangt es mich im Innern nach Ruhe.«

»Bist du auf der Suche nach was anderem?«

»Nein, Mann, das ist überhaupt nicht der Punkt, ich bin sehr glücklich mit allem, was ich zu Hause habe.«

Ich sehe die Schaluppe durch die Nacht fahren. Sie ist fast schon um die Ecke gebogen.

»Ich bin letzten Monat zum ersten Mal in meinem Leben zum Psych gegangen.«

»Was hält der davon?«

»Das Ziel des Lebens ist Ziellosigkeit.«

»Ja, mein Gott, wenn das alles ist?«

»Er dachte, dass das Schreiben meines Buches mir helfen könnte, mich selbst besser zu verstehen.«

»Und, ist es dir gelungen?«

»Nun, ich weiß es nicht, Gijs, es ist ja noch nicht fertig. Aber allein die Vorstellung, dass du und ich für die nächsten vierzig Jahre krampfhaft jung bleiben müssen, finde ich traurig und ermüdend. Unsere Väter haben ja auch nicht irgendwann mit *kinky dates* angefangen oder sind für irgendeinen guten Zweck durch den Schlamm gepatscht. Was ist los mit einem Vierzigjährigen, der es vorzieht, vor dem Kamin zu sitzen, eine Zigarre zu rauchen und ein Glas Whisky zu trinken? Ich sehne mich nach einer Welt, in der die Ehe ewig hält, Väter immer ein Taschenmesser und ein Taschentuch bei sich haben, Freunde gemeinsam durch dick und dünn gehen und jeder gesund bleibt.«

»Weißt du, was dein Problem ist, Bas?«, höre ich plötzlich hinter mir. »Du bist nur ein schrecklich alter Knacker.«

Ich sehe mich um und erblicke Sander in seiner goldenen Gucci-Kochschürze.

»Das stimmt, das war meine Plädoyer für den alten Knacker 2.0.«

»Es war kein Plädoyer, Bas, es war ein Hilfeschrei.«

»Nun, wenn du meine Frau fragst, suche ich eine Idylle, die es nicht gibt. Und das ist ein sehr deprimierender Gedanke.«

Gijs bläst nachdenklich eine Rauchwolke aus und sagt: »Bas, das ist nichts Neues, die Menschen suchen seit tausenden von Jahren danach. Die ganze Bibel handelt von der Suche nach dem verheißenen Land. Aber, und das ist der Punkt, wir werden nie dorthin gelangen, weil es die Suche nach dem Geheimnis des Lebens selbst ist, auf die es ankommt.«

»Amen. Möchte jemand etwas trinken?« Sander gähnt.

Gijs und Sander gehen zur Rückseite des Kahns und verschwinden die schmale Wendeltreppe hinunter.

»Kommst du, alter Philosoph?«, ruft Sander mir zu. »Du musst noch kochen, oder?«

»Ja, natürlich, ich komme.«

Ich werde noch für einen Moment sitzen, schauen, denken und rauchen.

PLAYLIST

#It's the end of the world as we know it - R.E.M.

 # You're not alone - MICHAEL JACKSON

#Disco inferno - THE TRAMMPS

#Push it to the limit - PAUL ENGEMANN

#I can't get no sleep - FAITHLESS

#The Godfather waltz - NINO ROTA

#Physical - OLIVIA NEWTON-JOHN

#Honesty - BILLY JOEL

#Knowing me, knowing you - ABBA

 # Teddy bear - ELVIS PRESLEY

#Every breath you take - THE POLICE

#I put a spell on you - ANNIE LENNOX

#Il tempo se ne va - ADRIANO CELENTANO

#The boy is mine - BRANDY & MONICA

#It's beginning to look a lot like Christmas - M. BUBLÉ

#The country life - PETER CINCOTTI

#U can't touch this - MC HAMMER

#Whatta man - SALT 'N' PEPA

#Deze Kroeg - BASTIAAN RAGAS

#You're the devil in disguise - ELVIS PRESLEY

#Dirty old man - THE THREE DEGREES

#Une belle histoire - MICHEL FUGAIN

#Mamy blue - ROGER WHITTAKER

#Paparazzi - XZIBIT

#Sie ist weg - DIE FANTASTISCHEN VIER

#Cello suites - BACH

#Gentle on my mind - ELVIS PRESLEY

Die Texte und ihre Übersetzer
Ingrid Ostermann (Burn, baby, burn; The evil endorphine eye; Ein richtiger Mann; Eine Theorie und ein Hund; Bälle, Haustiere und wie man Eindruck am Erwachsenentisch hinterlässt; Die explosionsartige Vermehrung der Kuscheltiere; Boa constrictor; Papa ist mal kurz am Telefon; Zeitung, Läuse und Schokocreme; Pinguine sind echt geil; The silly season; Alter Knacker; Des einen Leid ...; Wer ist der Boss?; Meine Frau will keinen Hund; Mach was draus; Beim Nervenarzt)
Eva Schweikart (Vorwort; Vater werden ist eine schwere Geburt; Schlaflos)
Emma Wolters (LFF, das klingt wie eine Hautpilzinfektion; Ein perfekter Zuchtbulle namens Sunny; Wer folgt wem?; Schwarzer Samstag; Bear Chair; Ein Mann allein; Der Kochklub)

Ein Dankeschön an
Sandra Michel Falk, Geert Gratama, Nick van Ormondt, Sandra Zeegers, Aida Demirovic-Krebs, ♥ Tina Schubert, Joost van den Ossenblok, Robin Goudsmit und an all meine neuen und alten Freunde und Fans.

Mehr Info, Daten und Kontakt:
www.bastiaanragas.com

Follow Bas

 Instagram bastiaan.ragas

 Twitter @BastiaanRagas

 Facebook @bastiaanragasofficial

ist ein Imprint der HEEL Verlag GmbH
www.plaza-verlag.de